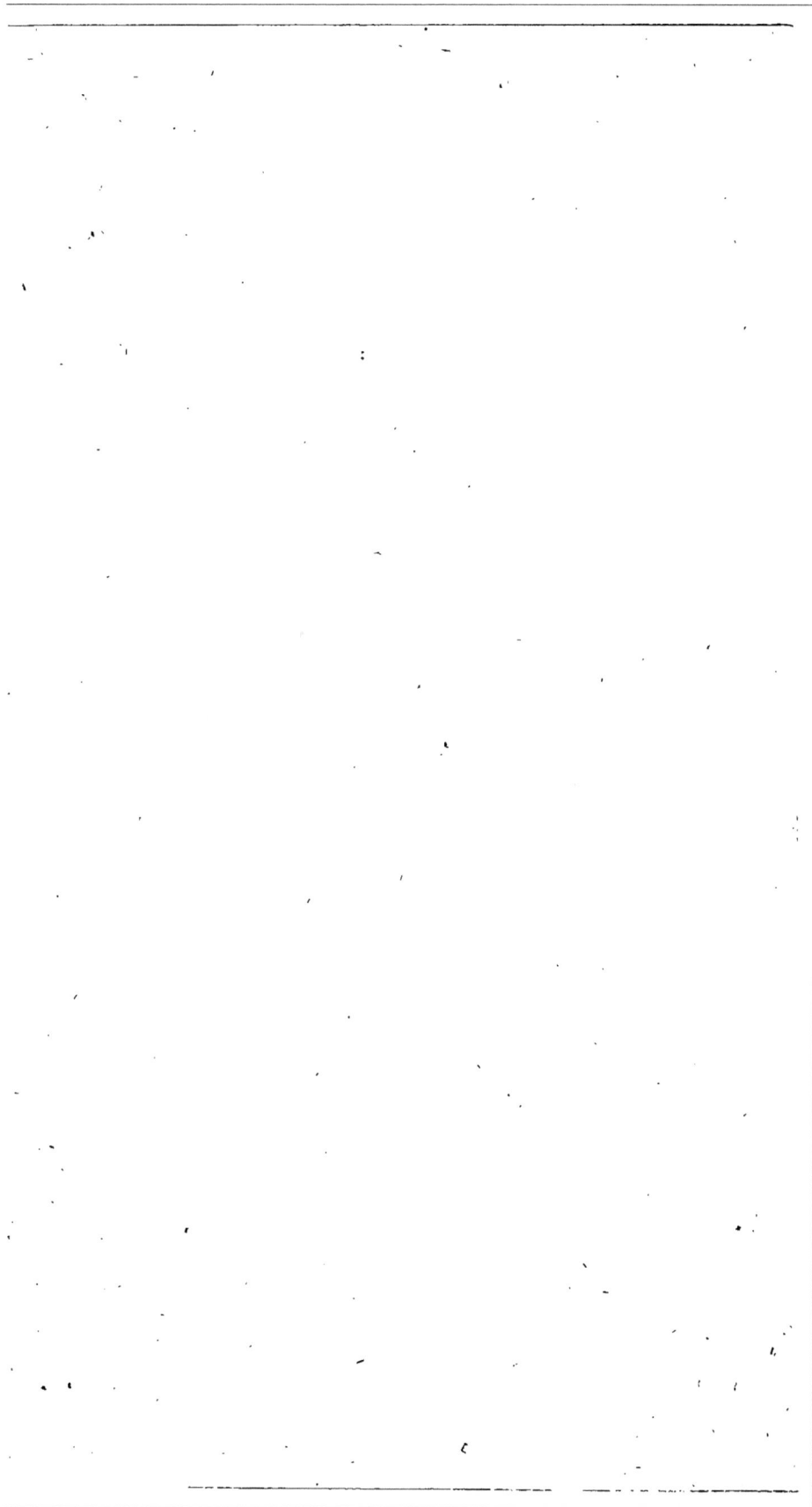

conserver la couverture

NOTICE HISTORIQUE

SUR LA CONFRÉRIE

ET

LA PROCESSION JUBILAIRE

DES PÉNITENTS GRIS D'AVIGNON,

PAR UN CONFRÈRE.

NOUVELLE ÉDITION,

Augmentée de la Relation de la Procession jubilaire du 6 juillet 1851, du Discours et de l'Amende honorable prononcés au pied de la Croix de N.-D.-des-Doms par un Père de la Compagnie de Jésus.

Avignon,

L. AUBANEL, Imp. de Mgr l'Archevêque.

1851

NOTICE HISTORIQUE

SUR LA CONFRÉRIE

ET

LA PROCESSION JUBILAIRE

DES PÉNITENTS GRIS

d'Avignon,

Par un Confrère.

Quando interrogaverint vos filii vestri dicentes : Quid sibi volunt isti lapides? Respondebitis eis : Defecerunt aquæ Jordanis antè arcam fœderis Domini cum transiret eum.

Lorsque vos fils vous interrogeront et vous diront : Que signifient ces pierres? Vous leur répondrez : Les eaux du Jourdain se sont divisées devant l'Arche du Seigneur pour lui ouvrir un passage (Josué IV, 6. 7.)

AVIGNON,

L. AUBANEL, Imp. de Mgr l'Archevêque.

1851.

NOTICE HISTORIQUE

SUR

LA CONFRÉRIE

Des Pénitents Gris.

Le XIIIe siècle est célèbre par les troubles qu'excitèrent dans le midi de la France les hérétiques albigeois. Favorisés par Raymond VI, comte de Toulouse, souvent vaincus, toujours excommuniés par le clergé, mais aimés et soutenus par le peuple à cause de l'apparente austérité de leurs mœurs, ils propagèrent rapidement leurs funestes doctrines. Vers 1210, ils occupaient le Languedoc, plusieurs pays de la Provence, notamment le Comtat-Venaissin (1).

(1) Emma, fille de Rolbaud, comte de Forcalquier, avait porté le Venaissin, en dot, à Guillaume Taillefer, tige des comtes de Toulouse dont il s'agit. Elle porta,

Avignon, ville libre, qui ne relevait que du Saint-Empire, avait seule conservé le dépôt de l'antique foi. Mais son heureuse situation, son importance militaire, la rendaient un objet d'envie pour le comte de Toulouse. Ses émissaires, après de longues et habiles manœuvres, parvinrent à l'entrainer dans leur parti. Une députation fut chargée, par les habitants, de porter leur

en même temps dans la maison de Toulouse, la croix de Provence, vidée, cléchée, pommetée. Sa postérité l'adopta comme *armes de prétention*. Ces princes prirent dans la suite le titre de marquis de Provence, à cause du Venaissin qu'ils possédaient par héritage. En Languedoc, il n'y a pas de plus ancien monument de la croix de Toulouse, que le tombeau de Guillaume Taillefer, à St-Sernin ; les sceaux et les chartes des vicomtes de Marseille et des comtes de Forcalquier en sont couverts bien avant lui. On voit encore cette croix sur quelques dalles de l'église de Venasque et sur la flèche du village de St-Didier. Elle s'est perdue depuis dans la maison de Thezan. (Gaufridi, *Hist. de Prov.*; D. Vaissette, *Hist. du Langued.*)

hommage et leurs vœux à Raymond et à son fils, pour lors à Marseille, à leur retour du concile de Latran. Un chroniqueur contemporain (1) nous a conservé le récit de cet évènement :

Lorsque ils furent descendus au rivage de Marseille — Et qu'ils eurent été accueillis avec joie et allégresse, — Le Comte prit logis au château de Tonel. — Mais quand ce vint au quatrième jour, voici venir un messager — Qui salua le Comte et dit en son langage : — « Seigneur Comte, demain matin ne faites pas long séjour ici ; — » Car l'élite d'Avignon vous attend au rivage : — « Ils sont plus de trois cents qui vous feront hommage. » — Lorsque le Comte l'entend, il en est bien charmé. — Le matin, lui et son fils se mettent en route ; — Et quand ils

(1) Guillaume de Tudèle (*Hist. de la Crois. contre les Albig.* — Documents inédits sur l'hist. de France.) Voyez à la fin de la Notice.

furent si près qu'ils touchaient au rivage, — Le Comte descendit de son mulet de voyage, — Et les trouva à genoux sous la ramée. — Il les reçoit, et eux lui, avec allégresse. — Le sire Arnaud Audigiers, qui a cœur bon et sage, — Et natif d'Avignon de noble parenté, — Parla le premier, car il sait tous les usages : — « Seigneur Comte de Saint-Gilles, recevez notre gentil gage, — » Vous et votre cher fils de loyale lignée. — » Tout Avignon se met sous votre Seigneurie. — » Chacun vous livre son cœur et tout ce qu'il est, — » Les clefs et la ville, et la sortie et l'entrée. — » Et ce que nous vous disons, ne le tenez pas pour chose vaine, — » Car il n'y a en nous ni tromperie, ni orgueil, ni insolence. — » Mille chevaliers puissants, accomplis en vaillance, — » Et cent mille autres, braves et de bon courage, — » Ont fait serment et se sont, par ôtage, engagés, — » A poursuivre la réparation de toutes vos pertes. — » Vous jouirez en Provence de tout votre droit, — » Rentes, cens, charrois, péages. — » Il n'y aura chemin qui ne paie le droit de guide. — » Nous tiendrons tous les pas et passages du Rhône — » Et nous répandrons dans le pays la mort et le carnage — » Jusqu'à ce que vous recouvriez Toulouse avec votre légitime patrimoine. » — « Seigneurs, répondit le Comte, vous ferez œuvre courtoise et loyale — » Si vous prenez ma défense, aurez la gloire — » Dans toute la chrétienté et dans votre pays, — Car vous restaurez ainsi prouesse, joie et noblesse. — . . .

. . . .

Le jour baissant, Avignon les reçoit. — Et quand dans la ville se répand le bruit de leur arrivée, — Il n'y a vieux, ni jeune, qui n'aille empressé — Par toutes les rues et hors de toutes les maisons. — Celui qui mieux peut courir s'estime fortuné. — Partout on crie : Toulouse, pour le père et le fils ! — Les autres, dans leur joie : Dieu est maintenant avec nous ! — Avec beaucoup de courage et de résolution, les yeux remplis de larmes, — Tous devant le Comte viennent s'agenouiller — Et puis disent ensemble : Jésus-Christ glorieux, — Donnez-nous pouvoir et force de les rétablir dans leur héritage tous deux. — Si grande est la presse et la procession, — Qu'il est nécessaire d'employer les menaces, les verges et les bâtons. — On entra dans l'église pour faire la prière, — Et puis vint le dîner exquis et savoureux. — Il y eut maintes variétés de sauces et de poissons — Et vins blancs et vins rouges, girofflés et rosés, — Et les jongleurs, et les violes, et les danses et les chants. — Le dimanche matin, il est indiqué au sermon — De prêter le serment et de promettre fidélité. — Et puis tous dirent au Comte : Seigneur légitime et bien-aimé,

— Nous ne craindrons pas les dons et les dépenses, — Nous donnerons tout notre avoir et nous nous mettrons nus — Jusqu'à ce que vous recouvriez votre terre ou que nous mourrions avec vous. — Seigneurs, dit le Comte, vous en aurez une belle récompense, — Et par Dieu et par moi vous en deviendrez plus puissants. — Ensuite le Comte se conseille avec ses barons — Et s'en va vers Orange, confiant et satisfait. — Entre le Comte et le prince est conclu un pacte — D'amitié et d'alliance qu'ils arrêtent entre eux deux. — Le jeune Comte s'en vient ensuite dans le Venaissin en grande hâte — Pour recevoir Pernes et la mettre en défense, — Ainsi que Malaucène, Beaumes et maints châteaux du pays. — Mais bientôt après est le commencement — Des maux et des dommages et des inimitiés — Des clercs et de l'évêque qui lui sont contraires.

C'est ainsi que la cité d'Avignon devint Albigeoise. Elle perdit ses évêques ; les prêtres et les personnes consacrées à Dieu y furent maltraités, toutes les choses saintes profanées. Enfin, les désordres causés par les sectaires y devinrent si criants qu'elle fut mise en interdit et excommuniée par le légat du Saint-Siège.

Cependant le Pape Honorius III, profondément affligé des maux que l'Eglise avait à souffrir dans ces provinces si long-temps fidèles, envoya en France Romain, cardinal de St-Ange, pour prêcher la croisade contre les Albigeois. Louis VIII régnait alors. Ce prince, digne fils de Philippe-Auguste par sa valeur, plus digne encore, par sa piété, d'être le père de saint Louis, avait déjà signalé son zèle pour la foi dans la première croisade contre ces hérétiques. Il accueillit avec l'enthousiasme d'un chevalier chrétien l'invitation du Souverain Pontife, assembla à Paris un parlement de barons et d'évêques et y reçut la croix des mains du légat. Au mois de mai, il se trouva à Bourges à la tête de plus de 120,000 croisés.

« L'an du Seigneur 1226, dit Guillaume de Puylaurens, au mois de mai, que les rois ont coutume d'aller à la guerre, le Roy Loïs, béni de Dieu, après avoir pris la croix, accompagné de Romain, diacre, cardinal de St-Ange, légat du Saint-Siège, ayant assemblé une puissante armée, s'en vint à Lyon, et de là, par le Rhône, descendit en Languedoc. Par chemin, tous les consuls des villes que tenait le comte de Toulouse, lui en apportèrent les clefs; même ceux d'Avignon lui furent au-devant [1] présenter leur obéissance et la cité; mais y étant arrivé la veille de la Pentecôte, après qu'une

(1) A Valence et à Montélimart. (Dom Vaissette, *Hist. du Languedoc.*)

partie de son armée eut passé le pont (¹), les habitants, de crainte d'être pillés par les soldats s'ils entraient en nombre, ou Dieu le voulant ainsi, fermèrent leurs portes au roy et au légat, ne leur voulant permettre l'entrée qu'en petite compagnie, sinon qu'il plût à Sa Majesté de passer avec son armée sous la Roche, qui était un chemin fort étroit. Ce que le roy jugeant non seulement injurieux, mais aussi dangereux, commanda qu'on campât et que l'on dressât des machines de guerre pour assaillir la ville. D'autre part, les citoyens se mirent en défense, ayant dressé de contraires machines pour incommoder l'armée et les gens du roy. Le siège fut rude durant trois mois qu'il dura. »

« Les assiégés ne manquaient pas de cou-

(2) Le pont de la Sorgue, dit le P. Daniel. Elle ne passait pas encore dans l'enceinte de la ville, du côté du levant.

rage, poursuit Mézerai [1], et lui répondirent partout si vigoureusement, qu'ils lui tuèrent plus de 2000 hommes, desquels étaient à plaindre Gui, comte de St-Pol, qui avait fait merveilles à Bovines, et l'évêque de Limoges. Néanmoins, la batterie continuant avec plus de furie, la ville craignant toute extrémité si elle était prise d'assaut et n'espérant aucun secours, capitula et reçut telles lois qu'il voulut lui imposer. La religion catholique fut la première, et de peur qu'ils ne retombassent dans leur perfidie, il prit 200 jeunes gens des premières familles en ôtage, démantelà la ville, combla les fossés, et pour marque d'une punition exemplaire, abattit 300 maisons des plus hautes [2]. La crainte de ce châtiment

(1) *Abrégé chronol. de l'hist. de France.*

(2) C'étaient de vastes édifices habités par la noblesse, si bien fermés, armés de tant de tourelles, qu'ils semblaient plutôt des forteresses que des mai-

intimida tellement les villes albigeoises, que jusques à quatre lieues près les portes de Tolose, elles lui apportèrent les clefs en Avignon sans qu'il se remuât [1].

De tels châtiments peuvent intimider et réduire des factieux : il faut d'autres moyens pour toucher les cœurs et ramener les esprits à la foi. Le légat ne voulut pas consi-

sons. On en comptait 300 dans Avignon (*Gest. Lud VIII apud Duches.*) Les auteurs du temps, que nous avons consultés, disent que le roi de France n'abattit que 100 maisons. Les écrivains plus modernes en mettent 300. *Rex ergo muris civitatis destructis et* centum *domibus turrilibus*, *quæ intus erant ad solum æquatis.* (Guill. de Nangis). Les Bénédictins, auteurs de *l'Hist. du Languedoc*, ne mentionnent pas cette circonstance.

(1) Il y eut une médaille frappée pour la prise d'Avignon. « La dernière vous représente comment Avignon, après avoir soutenu un furieux siège, se rendit à composition. *Avenione obsessa et deditione recepta.* Conquête qui termina la vie et les pieuses actions de notre Loys, l'an 1226. Mézerai, t. III.

dérer plus long-temps comme ennemis de l'Eglise les habitants vaincus par les croisés; il leva l'excommunication qui pesait sur la ville depuis dix ans (1) et choisit un évêque capable de guérir les plaies de l'Eglise d'Avignon et de réunir dans un même bercail le troupeau divisé. Il fallait pour cela le double ascendant du savoir et de la vertu. Pierre de Corbie, religieux de Cluny, célèbre par son éloquence et son dévouement à la cause catholique, lui parut propre à remplir ce glorieux ministère. En effet, il s'y consacra tout entier. Les mémoires du temps parlent de la force de ses prédications, et des béné-

(8) Ad universitalis vestræ notitiam credimus pervenisse cives Aven. jam per *decem annos* et amplius excommunicationis sententia fuisse ligatos eòquod R. filio R. comiti Tolosano non solum fautores sed etiam adjutores extiterant. (*Manifeste du cardinal-légat contre les Avignonais.*)

dictions que le ciel répandit sur son zèle (1).

Les Albigeois condamnés dans tous les conciles tenus à cette époque, se divisaient en plusieurs sectes, qui, avec des symboles divers, professaient toutes le même mépris pour l'Eglise romaine. Ses dogmes, sa morale et son culte étaient de leur part l'objet d'une haine profonde. Ils rejetaient la présence réelle de J. C. dans la sainte Eucharistie et ils profanaient en toute rencontre cet auguste Sacrement par des abominations et des horreurs que notre plume se refuse à décrire. Le roi Louis VIII, douloureusement ému au souvenir de ces impiétés dont la ville d'Avignon avait été le théâtre et

(1) «Fuit vero is præsul acerrimus errorumd Albig. insectator et concionibus suis eos vexare non destitit. Sub ejus pontif. eodem anno 1226 initium cœpit pium cinereveum pœnitentium Sanctæ Crucis sodalitium.» (*Gall. Christ.* t. I.) Quelques biographes, en petit nombre, ont appelé le nouvel évêque Nicolas.

conservait encore de tristes vestiges, voulut qu'une réparation solennelle de tant de sacrilèges fût offerte au Dieu présent sur nos Autels, et que cette *amende honorable* fût accompagnée de circonstances capables de fléchir la justice divine, et de faire une salutaire impression sur les cœurs.

Le 14 septembre de cette même année, jour de l'Exaltation de la Sainte Croix, fut indiqué pour cet acte solennel. La ville d'Avignon offrit le spectacle le plus touchant et le plus auguste. Pierre de Corbie porta le S.-Sacrement à une chapelle bâtie en l'honneur de la Ste-Croix, hors des murs de la ville. Le roi assista à cette Procession, vêtu d'un sac couleur de terre, ceint d'une corde, la tête nue et un flambeau à la main, suivi de ses officiers et d'une multitude d'abord attirée par la curiosité, mais qui bientôt fut pénétrée et attendrie jusqu'aux larmes.

Le Cardinal de St-Ange marchait à côté

du roi ; tous les évêques croisés, au nombre de plus de soixante, les barons et une grande partie des hommes d'armes marchaient à la suite. Ils portaient tous sur la poitrine la croix blanche qu'ils ne devaient quitter qu'après la guerre. Les bannières de France, celles des grands vassaux, après avoir conduit les croisés à la bataille, venaient avec eux s'incliner devant le Dieu des armées. Ce fut la première Procession solennelle du S.-Sacrement qui fut faite dans l'univers catholique. La foi des croisés, la piété du roi, les larmes de tout le peuple donnèrent à cette fête expiatoire un caractère sublime dont le temps n'a point encore éffacé le pieux souvenir.

Du reste, il semble que la ville d'Avignon etait appelée à honorer avec plus d'éclat et de magnificence le mystère Eucharistique et qu'après avoir été le boulevard de l'hérésie dans nos contrées elle en voulût devenir le modèle par sa piété et sa foi. C'est un Pape d'Avignon qui, au concile de Vienne, institua pour toute l'Église, la Fête-Dieu ; et c'est à Avignon que son successeur, Jean XXII, en fit célébrer la première Procession, avec une solennité inouie jusqu'alors. Faut-il s'étonner que ces traditions vénérables, conservées avec un noble orgueil, inspirent chaque année la religion et le zèle? Les pompes religieuses sont pour la ville des Papes une gloire historique, un monument de sa foi, et le témoignage non suspect de la reconnaissance des pères et des enfants pour les bienfaits divins.

Le S.-Sacrement fut laissé dans la Chapelle de la Croix, et pendant tout le temps que Louis VIII passa dans Avignon pour aviser aux moyens d'extirper l'hérésie, il alla tous les jours lui rendre de nouveaux hommages.

Rien ne résiste à l'exemple, surtout

quand il vient d'un roi. Les habitants d'Avignon, frappés de la piété de ce prince, après l'avoir admirée , l'imitèrent ; et ceux-là même qui s'étaient déclarés avec le plus de passion pour le parti des Albigeois, se montrèrent les plus empressés pour aller, dans la chapelle de la Croix , réparer leurs scandales et pleurer leurs impiétés. La plupart des habitants s'y rendaient couverts du sac de la pénitence , en tout semblable à celui qu'avaient porté le roi et les seigneurs croisés. Ce concours donna lieu à l'établissement d'une confrérie, dont la conduite du prince avait été l'occasion et le modèle. Lui-même s'en déclara le premier membre. Pierre de Corbie traça les règles de la compagnie ; le Légat les confirma et permit que le Saint Sacrement demeurât exposé nuit et jour dans la chapelle. Cette compagnie paraît avoir porté le nom de *Confrérie des disciples de Louis VIII*, et ensuite celui de *battus de la Croix* ou de *disciplinés* (1), parce que les confrères récitaient, tous les vendredis, les psaumes de la pénitence, et déchiraient leurs corps par de sanglantes disciplines : ils ne croyaient pas pouvoir expier assez la faute d'avoir donné retraite à l'erreur.

Presque tous les seigneurs de l'armée française inscrivirent leurs noms à la suite de celui du roi. Riches et pauvres, prêtres et religieux tinrent à grande gloire d'y être admis. Ce n'est point sans admiration pour les mœurs de cette époque si peu connue, que l'on remarque cette confraternité dans la pénitence et cette égalité dans laquelle les titres et les rangs s'effacent aux pieds du Dieu anéanti sur nos autels. Ainsi commença la confrérie des *Pénitents gris* d'Avignon, sous le titre de la Ste-Croix, le jour où Louis VIII donna au peuple un si bel

(1) Barjavel, *Dict. bio-bibliog.* au mot *Louis VIII*.

exemple, 14 septembre 1226. Depuis lors, ils ne cessèrent d'édifier la ville par leurs vertus. Lorsque dans le milieu du XIVe siècle, la peste affligea nos contrées et fit périr le tiers des habitants d'Avignon, les Pénitents gris, couverts de cendres et du cilice, allèrent nus pieds faire *amende honorable* devant la sainte Croix élevée sur le Rocher-des-Doms. Ils obtinrent par leurs prières et leurs larmes la cessation du fléau. Une procession annuelle fut établie pour perpétuer le souvenir de cette cérémonie expiatoire et en même temps celui de l'institution de la confrérie. Elle se fait encore de nos jours.

Quand on se présente à la postérité avec les titres d'une aussi glorieuse origine et un si illustre héritage de vertus, l'on peut bien dédaigner le sourire de l'impie. L'habit que nous portons est celui de la pénitence : il a été ennobli par les rois et les saints qui l'ont porté. Aux chrétiens, il rappelle leurs obligations et les grâces divines ; aux amis du temps passé, il offre un symbole précieux d'une foi qui n'est plus, de ces mœurs d'autrefois qui valaient bien les nôtres. Laissez, laissez-nous nos traditions et notre culte, et ne croyez point que lorsqu'un siècle raisonneur et froid *dépoétise* un peuple, il ait réalisé un progrès.

La confrérie des Pénitents gris d'Avignon fut toujours regardée comme la plus ancienne (1), et il faut avouer aussi que, com-

(1) Tous les auteurs qui parlent de la confrérie des Pénitents gris d'Avignon s'accordent à la mettre au premier rang pour la dignité et pour l'ancienneté. Celle de Rome fut fondée par les papes, aussitôt après leur retour dans la ville éternelle, sur le modèle de la confrérie d'Avignon, à laquelle elle fut depuis affiliée. Les dictionnaires et les encyclopédies rapportent l'institution des confréries de pénitents à l'année 1260, dans une peste qui éclata à Orvieto. Un saint ermite persuada au peuple de se revêtir de sacs à l'exemple des Ninivites.

prenant les obligations que lui imposait son droit d'aînesse, elle s'est efforcée de perpétuer dans son sein les sentiments de foi qui honorèrent son berceau. Par un juste retour, elle peut voir sur ses listes des noms illustrés par le génie, la gloire des armes, la naissance, les dignités, la vertu. Les souverains pontifes l'enrichirent d'indulgences et de privilèges. Ceux qui ont siégé à Avignon, faisaient de fréquentes visites au S. Sacrement exposé dans le pieux sanctuaire. Enfin, Dieu lui-même voulut lui donner une plus haute consécration et renouveler en sa faveur un prodige qu'il n'avait opéré que pour son peuple privilégié. Je veux parler du miracle si populaire à Avignon, qui eut lieu dans la chapelle des Pénitents gris.

La critique la plus passionnée ne peut en nier les circonstances, à moins de révoquer en doute le témoignage de toute une ville qui dit depuis quatre siècles : « Je l'ai touché, je l'ai vu. »

« En 1433, dit la relation, les pluies continuelles firent déborder le Rhône, la Durance et la Sorgue, et tous les quartiers bas de la ville se trouvèrent inondés. L'eau commença d'entrer le 29 de novembre dans la chapelle des Pénitents gris, située sur les bords de la Sorgue, auprès de l'église des frères Mineurs conventuels.

« (1) Les dits frères appréhendant que les » eaux ne fussent montées jusqu'au taber- » nacle, étant entrées dans la susdite cha- » pelle depuis deux jours, dans lequel ta- » bernacle le S. Sacrement était exposé, » furent avec empressement pour le retirer » et trouvèrent les eaux de la hauteur de » quatre pans, partagées des deux côtés en » forme de toit et ayant un chemin sec et

(1) Procès-verbal de la visite de Mgr Laurent de Fiesque, 18 juillet 1694. L'original est aux archives de la préfecture.

» libre au milieu de ladite chapelle pour
» pouvoir aller audt autel et audt taber-
» nacle, où le S. Sacrement était exposé et
» où il n'y avait aussi point d'eau, ce qui
» obligea les maîtres [1] et confrères de faire
» venir dans leur chapelle des religieux [2]
» et autres personnes de piété pour voir
» ledt miracle, à la vue duquel lesdts
» maîtres représentèrent aux confrères qui
» avaient accouru de toutes parts, la néces-
» sité qu'ils avaient de bien observer leurs
» statuts et d'avoir une dévotion toute par-
» ticulière au Saint Sacrement qui était

(1) N. d'Armand et Jean de Poussilac Faure, maîtres en 1433.

(2) « Pour être plus certains, nous allâmes quérir « quatres frères mineurs, dont trois étaient docteurs « en théologie et l'autre bachelier, et firent la preuve. » (*Authentique du miracle vérifié et paraphé par Mgr L. de Fiesque, noble personne, Barbier, procureur à la mense épistolaire, et Crosnillon, chancelier*).

» exposé jour et nuit dans ladite chapelle,
» par permission apostolique, avec de
» grandes indulgences accordées les fêtes et
» dimanches désignés dans les bulles des
» papes; duquel miracle il fut fait un verbal
» en forme signé par lesdits religieux et
» autres personnes de piété, lequel est con-
» servé dans les archives de ladite société.
» (1) »

Ce prodige, unique dans les annales du

(1) On montre encore dans une cour qui fait partie de l'ancien cloître des Cordeliers, aujourd'hui Collège St-Joseph, une porte murée, composée d'un fronton triangulaire et de deux piliers engagés, un peu grêles avec une simple cimaise au lieu de chapiteau, et une rose dans l'endroit qui représente la frise. Il y a une tradition qui ferait croire que le S. Sacrement fut transporté par cette issue dans le cloître des Cordeliers, qui était proche. Il est bon d'ajouter que le sol de la cour, et apparemment celui de l'église des Cordeliers, se trouvait plus haut que celui de la chapelle de la Sainte-Croix.

christianisme, a pour lui toutes les garanties de certitude que peut offrir le témoignage humain : le nier, serait folie. — Ce ne sera pas vous, du moins, heureux habitants d'une ville consacrée par tant de faveurs divines, qui pourriez vous montrer oublieux ou insensibles. Ce glorieux souvenir vous inspire une noble fierté ; vous aimez à retracer les détails du prodige. Puissent vos enfants, dignes héritiers de votre foi, perpétuer ces saintes traditions, et conserver dans leurs cœurs, pour le Sauveur caché sous les voiles eucharistiques, les sentiments de reconnaissance et d'amour qui animent les vôtres !

A partir de ce jour les confrères et les fidèles d'Avignon redoublèrent de zèle pour l'adoration du S. Sacrement dans la chapelle du prodige. Elle devint un lieu de pèlerinage célèbre dans toute la France. Les Pénitents et Pénitentes de la Confrérie se partagèrent les heures du jour pour qu'il y eût, sans interruption, un certain nombre d'adorateurs. Qui pourrait dire ce que cette pieuse pratique, continuée jusqu'à notre temps, a dû attirer sur la ville de grâces et de bénédictions !

Pour éterniser la mémoire du prodige, la Compagnie délibéra que chaque année, à pareil jour, c'est-à-dire celui de la fête de Saint André, on célèbrerait une fête particulière ; que tous les confrères y communieraient et qu'ils iraient à la Sainte Table en se traînant sur les genoux ; qu'il y aurait à l'issue des vêpres un sermon sur le miracle de 1433 et une amende honorable avant la bénédiction. — Usage vénérable que la foi des anciens jours nous a transmis avec ses touchantes circonstances ; témoignage non suspect de la vérité d'un miracle que l'impiété ne peut ni contester, ni flétrir, qu'une société toute entière conserve comme une gloire de famille et dont une fête annuelle rappelle la date glorieuse, en même temps qu'elle en est un monument éternel.

« Pendant plus de deux siècles, dit l'auteur de la relation, les confrères n'entrèrent jamais dans leur chapelle sans avoir quitté leur chaussure, à l'imitation de Moïse qui quitta la sienne avant d'approcher du buisson ardent. Ils prenaient ensuite des sandales, baisaient avec beaucoup de respect une croix qui était gravée sur le pavé à l'entrée de la chapelle et allaient se prosterner devant le Saint Sacrement. Ils observent encore aujourd'hui une louable coutume où la piété a introduit ce qu'elle a de plus saint. Les jours qu'ils s'assemblent pour faire leurs exercices de dévotion, ils prennent à la porte de la chapelle trois petites bougies de cire et vont baiser le bois sacré de la croix, qui est enfermé dans un reliquaire d'argent. Tout est mystérieux dans cette pieuse cérémonie : ils portent deux de ces bougies devant les croix qui sont à droite et à gauche de l'autel et mettent la troisième sur un chandelier ou brûlent trois flambeaux et ces trois mots y sont écrit : *Gloria*, *laus*, *et honor*. Gloire, louange et honneur au Très Saint Sacrement. «

La Compagnie ne se contentait pas de ces cérémonies qui témoignaient si bien de son respect pour le lieu où J. C. avait manifesté sa présence réelle. Il y avait, tous les dimanches, dans la chapelle, une instruction pour les confrères et pour les personnes étrangères; on y faisait dire des messes pour le repos des confrères défunts, sans distinction de pauvres ou de riches: tous les ans, on nommait des commissaires pour visiter les malades et les indigents; on les assistait de conseils, de soins, de prières et d'aumônes.

Peu de confréries laïques se sont aussi long-temps maintenues dans l'esprit de ferveur qui anima presque toujours celle des

Pénitents gris d'Avignon. La charité en était l'âme, et elle trouvait un invincible lien dans le Sacrement qu'elle vénérait particulièrement et qui est le prodige de la charité de J. C. pour les hommes. Ils s'aimaient parce *qu'ils étaient membres d'un même corps et qu'ils mangeaient d'un même pain*, *qui est Jésus-Christ* (1).

Avec de pareils sentiments de foi, la Confrérie devait se montrer jalouse de participer aux biens spirituels que l'Église a attachés à la dévotion si légitime et si pure du Sacrement de l'autel. Il existe à Rome une société dont le but est de l'honorer plus particulièrement. Elle fut établie, dans l'église de la Minerve, par le pape Paul V. La Compagnie des Pénitents gris d'Avignon sol-

(1) Quoniam unus panis, unum corpus multi sumus, omnes qui de uno pane participamus. (I. Cor. X. 17.)

licita la faveur de lui être unie, et la demande fut adressée, par le maître François de Conceyl, au Cardinal Ant. Barberini, recteur de l'archiconfrérie romaine. La lettre d'affiliation accordée par ce prélat est datée du 28 oct. 1658. Elle contient un exposé fort honorable de tous les titres de la confrérie, et un éloge de la piété, du zèle et des autres vertus de ses membres (1).

En 1694, Mgr Laurent de Fiesque, archevêque d'Avignon, depuis Nonce à la cour de

(1) Cette pièce curieuse est aux archives de la confrérie. Elle consiste en une grande charte de parchemin, encadrée d'enluminures armoriées. Les noms propres y sont en lettres dorées. Le *Maître* postulant, François de Conceyl, y est qualifié de *Illustris ac nobilis vir*, *Dominus de St-Roman*, *Rupis Mauræ*, etc. Ce diplôme a seul échappé aux flammes qui, pendant la révolution, consumèrent les archives des pénitents gris. C'est une perte à jamais regrettable, qui prive leur histoire de témoignages contemporains de la plus grande valeur.

France, cardinal et archevêque de Gênes, sa patrie, faisant la visite de son diocèse, vint, le 18 juillet, dans la chapelle des Pénitents gris. Il reconnut authentiques tous les titres de leur histoire, leur droit à l'exposition perpétuelle du Saint Sacrement et confirma leurs statuts revus déjà par le cardinal Georges d'Armagnac, l'un de ses prédécesseurs. Mais ne trouvant pas que le Saint Sacrement dût rester exposé dans un tabernacle attaché au mur de la chapelle, du côté de l'évangile, il rendit une ordonnance par laquelle il arrêtait que, conformément à l'usage et ordre de l'Église, qui veut que « l'on ne » puisse point tenir le Saint Sacrement hors » des autels, mais au milieu, selon l'ancien » usage, qui a été supprimé, de faire cons- » truire incessamment un tabernacle en un » lieu élevé au milieu du Maître-Autel (1).

(1) Procès-verbal déjà cité.

Le nouveau tabernacle fut inauguré avec beaucoup de pompe par Mgr Marc Delphini. (1) La cérémonie fut précédée d'une procession à laquelle le vice-légat porta le Saint Sacrement. C'est la première qui ait été faite par les Pénitents gris et où l'on porta le Saint Sacrement, depuis celle qui eut lieu en 1226.

L'après midi, le vice-légat revint à la chapelle : M. Bocqui, chanoine de la collégiale de St-Didier, prononça un discours approprié à la circonstance et prit pour texte ces paroles : *Intulerunt sacerdotes arcam Domini in locum suum subter alas Cherubim.*

(1) Ce tabernacle était une niche de noir d'ébène, soutenue par des colonnes d'ordre corinthien, dont les chapiteaux et tous les autres ornements étaient d'argent ciselé, d'un travail fort délicat ; elle était entourée de nuées rayonnantes, chargées avec beaucoup d'art et sans confusion de groupes d'anges et de chérubins qui faisaient un effet merveilleux. Cette niche a subsisté jusqu'à la révolution.

« Les prêtres introduisirent l'arche du Seigneur dans son sanctuaire, sous les ailes des Chérubins. »

Il parut à cette occasion, disent les relations du temps, une épigramme latine que nous croyons devoir conserver.

Suspendit Jordanis aquas dum permeat arca.
Ad te, Christe, viam pensilis unda dedit.
Quæ quondam Domini cognoverat unda vel umbram,
Non noscet Dominum quem videt illa suum?

Quand l'Arche dut passer, par respect le Jourdain
Fit remonter ses eaux et s'altéra soudain.
L'eau suspendue en l'air, Seigneur, vous fait hommage.
Et pour aller à vous nous ouvre le passage.
Si cet insensible élément,
Par l'ombre et la figure a reconnu son maître,
A-t-il pu ne pas le connaître
Lorsqu'il l'a vu réellement?

Une seconde procession fut faite en 1728 sous le vice-légat Delci et l'épiscopat de François Maurice de Gonteriis. Les confrères voulurent simplement renouveler alors la mémoire de leur institution.

Ce ne fut qu'en 1751 que les maitres et élus de la Compagnie délibérèrent de faire une procession solennelle tous les 25 ans, lorsque l'indulgence du Jubilé de l'année sainte serait publiée pour le reste de la chrétienté, après avoir fini à Rome. La délibération fut approuvée par le vice-légat Pascal Aquaviva d'Aragon, des comtes de Conversano, et la procession eut lieu le 20 juin.

Les expressions de la relation que nous suivons, paraissent explicites : « Ayant délibéré de faire une procession du Saint-Sacrement tous les 25 ans... et de commencer cette année 1751... » D'un autre côté l'ordonnance de Mgr Joseph Guyon de Crochans, rendue pour la même occasion, pourrait faire supposer que ce ne fut point là la première procession Jubilaire. » Nous ne saurions trop, N. T. C. F., dit le prélat, vous exprimer la consolation que nous ressentons à l'approche de la procession édifiante que la dévote et ancienne Confrérie des Pénitents gris de cette ville se propose de faire cette année du saint Jubilé, le dimanche après l'octave du très-Saint Sacrement, suivant l'ancien usage qui a introduit ces processions du très-Saint Sacrement les années du Jubilé, et que les archevêques nos prédécesseurs ont toujours approuvées et autorisées. »

De tous les documents que nous avons pu consulter, c'est là le seul passage qui paraisse contredire l'opinion que nous exprimions tout-à-l'heure; tous les autres affirment que la procession de 1751 fut la première procession jubilaire. On pourrait supposer que l'ordonnance archiépiscopale fait simplement allusion à la procession de 1728 et à celle du commencement du siècle, sous Mgr Marc Delphini.

Les mémoires du temps nous ont laissé des descriptions détaillées de la procession qui fut faite en 1751. Nous abrégerons celle qui fut imprimée à Avignon, en lui conservant son caractère. Un décret du vice-légat et une ordonnance de l'Archevêque portant règlement pour la procession, furent affichés dans Avignon, dans les principales villes de la Provence, du Languedoc et de la principauté d'Orange et même du Dauphiné. Comme la fête était nouvelle, on n'eut à rechercher aucune coutume passée; mais on s'efforça de donner à la procession la plus grande solennité.

Toutes les confréries affiliées [1] furent

(1) La confrérie des pénitents gris de Toulouse avait été affiliée en 1713 ; celles de Vedènes, de Villeneuve-lès-Avignon le furent la même année. Un grand nombre de confréries, celles de Rome, de Languedoc et de Provence, dit une relation, se reconnaissent filles de celle d'Avignon. L'époque de leur incorporation varie : il nous serait facile de la constater; mais il ne nous a pas été possible de vérifier leurs archives.

invitées, et celle de Toulouse, qui ne pouvait venir en corps, fut pourtant représentée par quatre de ses membres. La fête fut annoncée, la veille, par des salves d'artillerie; plusieurs confréries arrivèrent; enfin, « dès ce jour, l'affluence des étrangers fut telle qu'on fut obligé d'envoyer des pourvoyeurs dans tous les environs pour approvisionner la ville.

« Le lendemain, les portes en furent à peine ouvertes, à la pointe du jour, que la foule des étrangers fut immense : ils croyaient que, comme en 1728, la procession se ferait sur les dix heures du matin. L'excessive chaleur qu'on avait prévue, l'avait fait cependant renvoyer à quatre heures après midi; et ce délai leur donna le temps de faire plusieurs fois le tour des tentes, dans les rues où la procession devait passer, qui étaient partout décorées comme le jour de la Fête-Dieu.

» On voyait plusieurs beaux et magnifiques reposoirs et l'un des trois qui étaient dans la rue Philonarde, où l'on avait représenté le miracle de 1433, n'attira pas moins l'admiration des étrangers que celle des habitants, par sa singularité.

» Sur les neuf heures, la compagnie, précédée des fanfares, se rendit processionnellement hors la porte de St-Michel pour y recevoir celles de Tarascon, de Villeneuve, de Cavaillon et de Velleron, qui s'y étaient assemblées en corps; ce qui attira une quantité prodigieuse de monde. Le commandant de la maréchaussée d'Avignon, ayant su que la brigade de Tarascon avait accompagné les Pénitents de cette ville, envoya une de celles qu'il a sous ses ordres les recevoir au bateau de la Durance; et les deux brigades se mirent ensuite à la tête de la procession que firent les cinq compagnies des Pénitents pour venir ensemble à la chapelle.

» M. le comte de Villefranche, dont le zèle pour la compagnie n'a rien oublié, dans cette occasion, de tout ce qui pouvait contribuer à la magnificence de la solennité, à la tête de 16 à 18 confrères des plus distingués, attendait les compagnies vis-à-vis la chapelle du Portail-Peint avec des flambeaux de quatre livres; il les accompagna ensuite dans la chapelle des Pénitents où l'on acheva de chanter le *Te Deum* qui avait été commencé lorsqu'elles entrèrent dans la ville, et dont on chantait un verset dans l'intervalle que les fanfares cessaient de jouer.

» La procession sortit au coup de quatre heures de l'Église des Cordeliers et en cet ordre : Les deux brigades de la maréchaussée d'Avignon ayant le commandant et l'exempt à la tête, précédaient de 50 pas. Les mandataires des diverses compagnies, portant un flambeau à 4 mèches, marchaient les premiers; et à quelques pas d'eux les plus distingués des confrères des cinq compagnies, au nombre de plus de 200. Ils étaient suivis de la fanfare. Puis venaient les encensoirs, et la croix des Pénitents d'Avignon qu'un des confrères portait à pieds nus ; puis plus de 200 pénitents avec des flambeaux de 4 et 6 livres ; il y avait même 30 flambeaux de 8 livres et 24 de 18 livres à quatre mèches, avec des écussons d'argent. Ils étaient entremêlés à plusieurs corps de musique et de choristes, et suivis de tous les enfants de chœur des quatres chapitres, en surplis, avec un flambeau à la main.

» Des girandoles et des parfums venaient immédiatement après, puis un quatrième corps de musique, qui chantait un motet composé exprès pour la solennité, par le sieur Chabert, maître de musique de Saint Agricol, que plusieurs ouvrages ont rendu célèbre. Ce motet commençait par ces paroles : *Lauda Sion Salvatorem.* Ce chœur de musique était suivi par quelques pénitents avec des flambeaux et par 60 ecclésiastiques du Séminaire de St-Charles de la Croix; et on voyait tout de suite une symphonie, quatre girandoles et vingt-quatre autres ecclésiastiques, dont douze encensaient continuellement le Saint Sacrement, et douze autres portant des corbeilles de fleurs, en jetaient en l'air à mesure qu'ils faisaient leurs encensements.

» MM. Barthélemy et Islan, chanoines de l'Église parroissiale de S. Agricol, en Pluvial blanc, portaient, comme en 1728, le Crémillon (*sic*); et MM. Jean et Serre chanoines de la même Église, étaient les assistants de M. des Achards, doyen du chapitre, qui portait le Saint Sacrement à la place de M. le prévot de Notre Dame, son frère, qui avait été obligé de partir pour Rome, à la fin de mai.

» M. Delbène, viguier, MM. de Salvador,

Bourcier et Bastide, consuls, M. Olivier, assesseur, et M. de Folard, major de la ville, portaient le dais. Ils le remirent au Portail-Peint à six Pénitents qui se relevèrent par intervalle et en prirent les cordons qu'ils portèrent ensuite pendant toute la procession, jusqu'au même endroit où ils reprirent le dais pour le porter jusqu'à la chapelle. Il y avait autour du dais quatre grands fanaux d'argent et plusieurs petits, portés par de pieux confrères, qui répondaient aux prières que récitaient les prêtres pendant la procession.

» M. le vice-légat, en rochet et en camail, marchait après le Saint Sacrement, avec un flambeau de deux livres, suivi de tous les officiers de la légation et du palais apostolique. Son Excellence avait à ses côtés les officiers de sa garde suisse, dispersée le long de la procession depuis le dernier corps de musique jusqu'au dais; et après la cour de Son Excellence, on voyait six grands flambeaux de 50 livres pièce, dont trois étaient ornés d'un écusson aux armes du roi Louis VIII et les autres avec des écussons du Saint Sacrement; enfin, la marche était fermée par la compagnie des chevau-légers à cheval et par les magnifiques équipages de Mgr le vice-légat.

» Des Cordeliers, la procession défila devant le monastère des Dames du Verbe Incarné, et on donna la bénédiction dans leur Église. De là, par la rue Petit-Paradis, elle passa devant les Dames de Sainte-Claire, qui avaient fait un fort beau reposoir dans leur cour ornée de tapisseries et de tableaux. Elle vint ensuite, sous les tentes, par la rue des Dames Ursulines, nommées les Royales, et arriva par la Bonneterie, la Philonarde et l'Epicerie, à la place de l'Hôtel-de-Ville, et l'on donna la bénédiction au monastère des dames de

Saint-Laurent, abbaye de Bénédictines, qui sont associées à la compagnie des Pénitents gris.

» La procession déboucha par le Puits-des-Bœufs sur la place du Palais, où toute la garnison était sous les armes. Mgr le vice-légat avait fait faire en face du pont-levis un fort beau reposoir, et à mesure que le Saint Sacrement arriva, la compagnie des chevau-légers se rangea en bataille, et lorsqu'on donna la bénédiction, on tira les boëtes et plusieurs pièces de canon, et les soldats firent une décharge de mousqueterie. Cette place, qui depuis la Métropole jusqu'à l'entrée par les rues du Puits-de-Bœufs et du Bon-Parti, forme une espèce d'amphithéâtre, présentait un coup d'œil qui ne peut guère s'exprimer.

» De la place du Palais, par la rue de la Monnaye, la procession descendit à la porte Ferruce; et passant de là aux deux Fusteries, elle remonta à la place, d'où, par le Change et la Bonnetterie, elle retourna à la Chapelle où elle n'arriva qu'à neuf heures et demie.

» Plus de vingt mille étrangers de toute condition, qui ce jour-là se trouvaient dans la ville, ont pu attester qu'Avignon sait se distinguer d'une manière toute particulière lorsqu'il s'agit de quelque fête publique.

» Qui pourrait décrire ce que produisait l'illumination de près de quatre cents flambeaux depuis quatre jusqu'à cinquante livres et de septante girandoles et parfums, dans les grandes rues où la vue avait de quoi s'étendre, c'était une véritable forêt de lumières.

» Au retour de la procession, on reposa le Saint Sacrement sur l'Autel qui était au bout de la rue, et lorsque Mgr le vice-légat se fut placé sur son prie-dieu et que MM. les viguiers, consuls et assesseurs eurent quitté le dais, M. l'abbé Décoas, chanoine de la Métropole, monta dans une chaire qui était à quelques pas de l'Autel, et là, en rochet et en étole, comme il avait fait déjà en 1728, tenant un flambeau à la main, il fit une amende honorable dans un petit discours, également juste, solide et touchant, et rappela en peu de mots l'occasion et les motifs de la fête.

» Elle fut terminée par le *Te Deum*. Mgr le vice-légat l'entonna et il fut chanté au bruit des boëtes par les ecclésiastiques qui avaient assisté à la procession, lesquels, avec quelques-uns des principaux confrères, eurent seuls la liberté d'entrer.

» MM. les consuls et les confrères les plus distingués accompagnèrent ensuite Son Excellence jusqu'à son carrosse qui était resté près des Cordeliers. »

La seconde procession jubilaire des Pénitents gris d'Avignon eut lieu le 16 Juin 1776. On suivit le même cérémonial et il y eut la même affluence. Il nous reste peu de détails sur celle-ci, sans doute parce que la relation imprimée de la première en devint le programme. Voici ce que nous lisons dans le *Courrier d'Avignon*, à la date du 18 Juin :

« Avant-hier, la procession Jubilaire des Pénitents gris de cette ville a été faite. Plus de 30,000 étrangers de toutes les villes des environs se sont rendus ici à cette occasion, et ils ont été aussi satisfaits qu'édifiés de cette cérémonie. Plus de 1200 pénitents portant des cierges, des flambeaux et des girandoles, précédaient les ecclésiastiques du Séminaire de Saint-Charles. Ensuite venait le Saint Sacrement porté par Mgr l'Archevêque sous un baldaquin très-riche, éclairé par plusieurs faisceaux de lumières. Les cordons étaient tenus par MM. les Viguiers, Consuls, et Assesseurs. Son Eminence Mgr le Cardinal Durini, entouré de tout son cortège, suivait le Saint Sacrement, et la procession était fermée par la compagnie des chevau-légers ayant à leur tête leurs officiers. Un détachement de grenadiers entourait le dais. L'effet des lumières, le concours des spectateurs, les divers chœurs de musique instrumentale et vocale, l'ordre et la décence de la procession ont rendu cette cérémonie très-intéressante. »

La procession de 1776 est la dernière qui ait été célébrée sous la domination pontificale. La révolution française emporta tous les souvenirs du passé : mœurs, usages, institutions, tout périt. L'Église elle-même eût succombé, si elle n'avait été bâtie sur ce roc inébranlable où les passions de l'homme et les efforts de l'enfer viennent se briser. La Confrérie et la chapelle des Pénitents gris rappelaient des faits trop précieux à la foi des chrétiens, pour que l'impiété ne cherchât point à les détruire. L'exposition du Saint Sacrement fut interrompue en 1792 ; et bientôt après, le couvent des Cordeliers et la chapelle miraculeuse furent mis en vente et convertis en ignobles magasins. Il y a plus: ces murs encore debout disaient toute une histoire, et leur aspect douloureux excitait des regrets. La statue de Notre-Dame de Délivrance, objet d'une dévotion populaire, quoique abandonnée au milieu des décombres, était toujours chère aux pieux Avignonais. Ces larmes sur le passé, cette confiance qui survivait aux attentats de l'impiété, parurent au nouveau propriétaire des indices effrayants et qui pouvaient troubler une possession trop gratuitement achetée pour être solide. La statue fut renversée, un mur d'appui de la Chapelle abattu, afin qu'il entraînât dans sa chute la voûte et le sanctuaire. Ainsi fut consommé cet acte de vandalisme, qui serait stupide s'il n'était impie. Que ne peut l'esprit de secte et de mercantilisme? Des mains catholiques n'eussent point touché à cet édifice consacré par de si grands souvenirs; un cœur avignonais n'en aurait point accepté la honte.

Depuis lors cet espace fut couvert de ruines. La chapelle, qui n'était plus représentée que par son mur d'enceinte et une charpente grossière, subit diverses transformations. Cependant les confrères ne pouvaient abandonner un monument si cher à leur piété. Des propositions furent faites, à diverses époques, pour sa restauration. Le malheur des circonstances, des difficultés locales ne permirent pas de les réaliser. Enfin, les vœux de la Confrérie et de la ville toute entière furent accomplis. L'église fut rendue au culte le 30 décembre 1815.

Ce fut un beau spectacle que de voir les débris de cette vénérable Confrérie se rassembler dans cette église si long-temps veuve, qui sortait à peine de ses ruines. Un grand nombre de frères manquèrent à l'appel. Glorieux confesseurs de la foi pendant la tourmente révolutionnaire, ils étaient morts en héros chrétiens. Aujourd'hui, sans doute, ils protègent par leurs prières ceux qui ont conservé avec tant d'amour le souvenir de leurs vertus. — Le nombre des confrères était diminué, mais non point leur ferveur. En les voyant se rassembler, le dimanche, dans leurs stalles solitaires, pénétrés de respect et de foi, on aurait pu appliquer à ce modeste sanctuaire ce que disait un grand Saint d'une Église qui sortait de ses ruines. « On y sert Dieu comme aux jours anciens, avec une dévotion pareille, quoique avec un nombre inégal. (1) »

La chapelle était ouverte. Il fallait pourvoir à l'organisation administrative de la confrérie. Quelques jours après la cérémonie

(1) Servitur Deo in eo sicut in diebus antiquis, simili quidem devotione, etsi non pari numero. (S. Bernard, *Vita Sancti Malachiæ*.)

de l'inauguration, il y eut une assemblée générale de tous les membres. M. de Blanchetti prononça un discours dans lequel il rappela l'origine de la société, le miracle de 1433, la profanation de la chapelle et le châtiment de ceux qui avaient concouru à cette œuvre d'iniquité. Ces paroles dans la bouche d'un confrère qui était Premier Maître à l'époque de la révolution, et qui avait vu, sans pouvoir l'empêcher, la destruction du Sanctuaire, furent accueillies par des marques de félicitation. Il fut réélu Premier Maître. La Compagnie, sous sa direction, sembla reprendre une nouvelle vie: ses rangs se remplirent de membres pieux et zélés; la population les vit, avec autant de joie que d'édification, reprendre dans les processions solennelles la place que leur absence laissait vide, et en augmenter l'éclat par leur grand nombre et leur recueillement.

Ce fut à cette époque de rénovation et de

gloire pour la Confrérie, que Pie VII, par son bref du XI mars 1817, voulant récompenser la foi et encourager le zèle des Pénitents gris, leur accorda un grand nombre d'indulgences. Ce bref révoque et annulle toutes et semblables concessions qui auraient pu être faites précédemment à ladite Société, ou qui lui viendraient d'une affiliation à quelque autre. — Nous donnerons plus bas le tableau de ces indulgences.

La Confrérie était rétablie, et sa popularité croissait de jour en jour, lorsque vint l'année jubilaire. Les difficultés des temps n'avaient point permis, en 1801, de faire la procession. On voulut, en 1826, la célébrer avec une pompe et une solennité extraordinaires. D'ailleurs, c'était l'année séculaire de l'institution de la Confrérie. M. le marquis Vidau de la Tour était alors Premier Maître. Il ne négligea rien de tout ce qui pouvait contribuer à l'éclat de cette pieuse cérémonie. Nous n'entrerons pas dans le détail de cette fête, dont la ville a gardé un si profond souvenir. Nous dirons seulement qu'au milieu du cortège du grand roi et parmi toutes ces splendeurs religieuses, dans cette foule émue, composée de tout ce que le département et la ville avaient d'illustrations dans tous les genres, on remarquait un pieux et modeste confrère, dont le recueillement était un des plus beaux ornements de ce triomphe du Sauveur : c'était le premier maître, M. de Vidau, qui est mort depuis en odeur de sainteté. — Les confrères, qui avaient toujours admiré ses rares vertus, quoiqu'ils ne pussent en suivre que de loin la trace, devaient ce tribut de reconnaissance à sa mémoire bénie. Ils ont la confiance que du haut du ciel il entend leurs prières, et qu'après avoir été ici-bas leur modèle, il est devenu leur protecteur auprès de Dieu.

Les hommages publics rendus au très-

Saint Sacrement dans cette mémorable solennité, rendirent plus vif le désir que l'on avait souvent témoigné de voir rétablir l'exposition perpétuelle dans la chapelle de la Confrérie. Ce projet toutefois ne put se réaliser que trois ans plus tard, par les soins du Premier Maître (1). Le procès-verbal de cette cérémonie rappelle sommairement les principaux faits de l'histoire de la Confrérie, et ajoute que, l'an de grâce **1829**, le dimanche **20e** septembre, Mgr Maurel de Mons est venu dans la chapelle, et qu'après le *Veni Creator*, il a béni l'exposition et célébré la sainte Messe; qu'ensuite, il a donné la bénédiction du Saint Sacrement, qui a été

(1) M. de Vidau. Il dépensa de ses propres deniers 35,000 fr. pour l'autel, l'exposition et l'ostensoir. La niche en bronze doré or-moulu, ouvrage de M. Choiselat, orfèvre distingué de Paris, coûta 6,000 fr. Les rayons qui entourent la niche, sont couverts d'or fort et les nuages revêtus de platine.

aussitôt placé dans la niche fermée de l'exposition.

Les habitants d'Avignon, comprenant tout le prix de cet inestimable privilège, se pressèrent plus que jamais aux pieds des saints Autels. Les confrères surtout se faisaient distinguer par leur assiduité et leur foi. De nombreux adorateurs de tout rang et de tout sexe s'y succédaient sans interruption. Ainsi, devant le Saint des Saints, la prière montait sans cesse, comme un encens d'agréable odeur.

N'est-ce pas, dans nos temps d'indifférence religieuse, un spectacle attendrissant autant qu'honorable pour la ville, que celui de l'empressement des fidèles à rendre leurs hommages au Dieu caché sur l'autel? Les Pontifes qui se sont succédé depuis, ont favorisé, encouragé la piété. Ils se sont fait eux-mêmes un devoir de donner l'exemple. L'un d'entre eux, aujourd'hui cardinal, archevêque de Bourges, et qui s'honore de sa qualité de confrère, jaloux de procurer à une œuvre si sainte toute l'extension désirable, publia un mandement concernant l'adoration perpétuelle. Nous voudrions pouvoir transcrire ces pages inspirées par la foi et la reconnaissance.

Le zélé prélat voulut s'inscrire lui-même au nombre des adorateurs, et son plus grand bonheur fut toujours de venir, selon sa promesse, se confondre avec la foule aux pieds de J. C. « Nous irons, disait-il, lui exposer » nos peines, nos alarmes, nos désirs et » nos espérances. Nous lui demanderons de » bénir nos efforts et nos travaux. Sans lui, » nous ne pouvons rien, et par lui, nous » pouvons tout. Nous lui demanderons de » toucher les cœurs jusqu'ici rebelles, de » guérir la double plaie de la corruption et » de l'incrédulité, de dissiper d'aveugles » préventions, d'éteindre les haines, de

» faire tomber le mur qui divise ce qui
» devrait être étroitement uni. Nous lui
» demanderons de soulager ceux qui souf-
» frent, de consoler ceux qui sont affligés,
» d'envoyer du pain à ceux qui en man-
» quent, parce qu'il n'est pas une de vos
» privations à laquelle nous ne compatis-
» sions avec l'intérêt le plus tendre. Nous
» lui demanderons de vous visiter dans sa
» miséricorde, de faire prospérer vos fa-
» milles, d'établir dans l'enceinte de la
« cité et dans l'intérieur de vos maisons,
» cette harmonie parfaite de laquelle dé-
» coulent tant de biens. [1] »

Ces invitations apostoliques, appuyées de l'exemple du vénéré prélat, devaient porter leurs fruits. Depuis ce mandement, qui est un titre de gloire pour la Confrérie, les adorateurs devinrent de jour en jour plus nom-

(9) Mandement du 19 janvier 1840.

breux. Une organisation mieux entendue permit de donner à cette association plus de développement, et un comité composé du recteur, de plusieurs confrères et d'un directeur ecclésiastique, fut chargé de régler tout ce qui pouvait lui assurer de la consistance et de l'avenir.

Mgr Debelay, dont le zèle est au-dessus de nos éloges, a voulu compléter l'œuvre de son prédécesseur. Au mois de février dernier, il a réglé que le premier jeudi de chaque mois, il viendrait lui-même célébrer la messe dans la chapelle de la Confrérie, et que les prêtres de la ville feraient, à son exemple, ce jour-là, une heure d'adoration devant le très-Saint Sacrement. Cet usage s'est établi et se pratique avec la plus grande édification. Sur les pas du pontife, se presse la foule toujours avide de bons exemples et de salutaires enseignements.

Non, non, cette dévotion ne saurait périr. Etablie par un Roi selon le cœur de Dieu, autorisée par des miracles, propagée par les paroles et les exemples des souverains pontifes et des prélats, appuyée enfin sur les vertus qu'elle fait naître, elle n'a rien à redouter ni de l'impiété ni du temps. Les confrères qui regardent le privilège de l'exposition perpétuelle comme leur plus belle gloire, se sont toujours montrés dignes de ce bienfait. Faut-il s'étonner qu'ils fassent tant d'efforts pour rendre la procession jubilaire du Saint Sacrement, digne de leur histoire, de la piété de la ville et surtout du grand Dieu qu'ils adorent? Ils montreront ainsi aux populations accourues de loin, aux confrères étrangers qui viendront, pieusement jaloux, s'associer aux joies de la grande fête, que la cité des Pontifes, la Rome des Gaules, est fidèle à ses vieilles traditions, et qu'elle mérite encore son renom religieux.

Devant ces manifestations solennelles de la foi, l'impiété comprendra qu'elle peut ajourner encore ses coupables espérances.

— Puissent ces quelques pages rendre aux fidèles de la pieuse Confrérie une partie de l'édification que nous a donnée à nous-même l'étude de son histoire ! Elles auront cet effet, le seul que nous nous proposions, si Dieu daigne les bénir.

INDULGENCES

ACCORDÉES

PAR PIE VII

AUX PÉNITENTS GRIS D'AVIGNON,

LE XI MARS 1817.

I. *Indulgence plénière* le jour de l'Exaltation de la Sainte Croix, fête principale de la Confrérie.

II. *Indulgence plénière* à l'article de la mort, pour les Confrères de l'un et de l'autre sexe, pourvu que confessés et communiés, ou du moins contrits, ils prononcent de bouche ou de cœur le saint Nom de Jésus.

III. *Indulgence plénière* aux Confrères des deux sexes qui, le jour de la fête principale, visiteront la chapelle de la confrérie (depuis les premières vêpres jusqu'au coucher du soleil du jour de la fête) et y prieront pour la concorde des princes chrétiens, l'extirpation des hérésies et l'exaltation de la sainte Eglise.

IV. *Indulgence plénière* pour quatre jours différents, au choix, de l'ordinaire. — Les jours désignés sont : *la fête de l'Invention de la sainte Croix* ; *la Nativité de la Sainte Vierge* ; *le dimanche dans l'octave du Saint Sacrement, et le jour de S. André, anniversaire du miracle.*

V. *Sept ans d'indulgences* et autant de *quarantaines* pour chaque fois qu'ils prieront, aux intentions indiquées, dans la chapelle de la Confrérie.

VI. *Soixante jours d'indulgences* pour chaque fois : 1° qu'ils assisteront, dans la chapelle de la Confrérie, à la messe et aux divers offices ; 2° qu'ils viendront aux assemblées générales de la Confrérie, en quelque lieu qu'elles se tiennent; 3° qu'ils exerceront l'hospitalité à l'égard des pauvres ; 4° qu'ils réconcilieront, feront réconcilier les ennemis ou en auront pris les moyens ; 5° qu'ils accompagneront les confrères ou autres à la sépulture ; 6° qu'ils assisteront aux processions approuvées ; 7° qu'ils accompagneront le S. Viatique, ou du moins, qu'au son de la cloche qui en donne le signal, ils réciteront un *Pater* et un *Ave Maria* ; 8° qu'ils réciteront cinq *Pater* et cinq *Ave* pour le repos de l'âme des confrères ; 9° qu'ils ramèneront quelque pécheur dans la voie du salut, ou instruiront les ignorants de la religion ; 10° Enfin, pour une œuvre quelconque de piété et de charité.

Toutes ces indulgences sont applicables, par voie de suffrage, aux âmes du Purgatoire, et peuvent être gagnées par les Pénitents des deux sexes.

Le bref qui concède ces indulgences, révoque et annulle toutes celles qui, avant ce jour, auraient été accordées temporairement ou à perpétuité à la Confrérie, par des lettres apostoliques, ou dont elle jouirait par suite de son affiliation à quelque archiconfrérie ou société.

Il n'y a donc d'indulgences valables que celles accordées par Pie VII, et l'on doit regarder comme de nulle valeur tous les tableaux d'indulgences qui seraient antérieurs au bref du XI Mars 1817.

NOMS

DES PRINCIPAUX CONFRÈRES ET MAITRES (1)

DE LA CONFRÉRIE DES PÉNITENTS GRIS.

Louis VIII, Roi de France, Fondateur, père de Saint Louis.
Jules II, Pape (2).
Clément XIII, Pape.
Romain de St-Ange, Cardinal, légat en France.
Flavius des Ursins, Cardinal, légat en France.
Alexandre Farnèse, Cardinal, légat en France.
Charles de Lorraine, archevêque de Rheims (3).
Georges d'Armagnac, Cardinal, co-légat.
Charles de Conti, Cardinal.
Octavien Aquaviva d'Aragon, Cardinal.
N. de Conti, Cardinal.
P. Philonardi, Cardinal.
L. de Fieschi, Cardinal.
M. Delphini, Cardinal.
P. An. Galterio, Cardinal.
Alaman de Salviati, Cardinal.
R. Delci, Cardinal.

(1) Les chefs des Pénitents gris d'Avignon portent, dit-on, le titre de Maîtres, à cause de l'ancienneté et de la dignité de leur archiconfrérie.

(2) Il avait été évêque de Carpentras et fut le premier archevêque d'Avignon.

(3) Il mourut à Avignon, le 26 décembre 1574, à la suite d'une pleurésie contractée trois jours avant, en portant, dans une procession, la croix des Pénitents bleus dont il était aussi confrère. (Expilly, *Dict. des Villes de France*; Barjavel.)

M. Crescenci, Cardinal.
L. Ganganelli, Cardinal.
P. Acciajioli, Cardinal.
J. M. Antoine Célestin Du Pont, archevêque d'Avignon, archevêque de Bourges et Cardinal.
Le Cardinal de Périgord, grand-Aumônier de France, et le Cardinal de La Fare, évêque de Nancy, s'étaient déclarés protecteurs de la Confrérie.
Pierre de Corbie, évêque d'Avignon.
D. de Grimaldi, archevêque d'Avignon.
D. de Marinis, id.
M. de Gonteriis, id.
Azon d'Arioste, id.
P. Passionei, id.
Alex. de Montecatino, id.
Maurel de Mons, id.
Paul Naudo, id.
J. Colombi, évêque de Troyes.
E. F. des Achards de la Baume, évêque d'Halicarnasse, visiteur apostolique en Cochinchine, Maître en 1706.
J. M. de Suarez, évêque de Vaison.
L. M. de Suarez d'Aulan, évêque d'Acqs.
Mgr. Bruno de Valayer, évêque de Verdun.
Armand et Jean de Pousillac Faure, Maîtres en 1433.
J. Puget seigneur de Barbentane, en 1475.
F. de Sobiratz, en 1476.
F. de Fabry, en 1477.
D. d'Anselme, en 1482
J. Poncet de Merles et de Beauchamp, 1483.
L. Ægides de Berton de Crillon, en 1485.

D. de Cambis de la Flèche, en 1492.
B. Achard, en 1503.
A. d'Ancezune de Caderousse, en 1510.
J. Valette, en 1529.
J. de Blanchetti, capiscol de St-Pierre, en 1551.
P. de Tulles de Villefranche, en 1590.
N. F. de Follard, en 1600.
L. Charpin, doyen de St-Pierre, en 1600.
P. S. de Montmorency et Cl. Vinay, en 1607.
P. d'Honoraty de Jonquerette, en 1690.
J. P. de Joannis de Verclos.
J. X. de Salvador.
H. de Bourbon, prince de Condé, Maître en 1614.
J. F de Salvator, fondateur des Missionnaires de Ste-Garde, et J. H. de Longecombe, abbé de Pessieux, Maîtres en 1699 et 1700.
Guil. H. de Nassau, prince d'Orange, en 1704.
Charlotte Marguerite de Montmorency, princesse de Condé.
Anne Josephe, princesse de Nassau et d'Orange.
N. Athénosy, chanoine de St-Agricol.
E. X. de Serre de la Roque.
J. D de Caux, en 1726.
J. M. d'Olivier chanoine, et P. Bellanger, en 1761.
C. M. d'Isoard, et P. Désandré, en 1760.
N. d'Orléans de la Motte, chevalier de Malte, prieur de Barbentane.
Al. de Fallot de Beaupré de Beaumont.
J. Pompée Bonaud, prêtre de N.-D. de Sainte-Garde.
R. Boissier, trésorier.
J. J. de Benet des Isnards.
P. de Fougasse des Taillades et P. de Serre.

J. F. de Cazals.
P. Désandré, Maître.
D. Courtet, Maître.
F. M. P. de Blanchetti, Maître en 1792.

MAITRES ET ÉLUS DEPUIS 1816.

F. M. S. de Blanchetti. — L. J. N. Peyrard. — L. Sylvestre. — Denys Michel de Beaulieu, vic. gén. — J. J. G. de l'Espine. — J X. de Salvador. — D E. Vitalis. — Michelet de Mézières. — J. B. de Chaternet. — M. Aymard. — Marquis Vidau de la Tour. — Victor d'Honorati. — X. Bérard. — J. M. Peytier. — A. N. Buffardin. — L. Janin — Ch. Coulon. — Le duc de Crillon-Mahon. — N. Roman. — Jules de Salvador et C. Mercier, *Maîtres actuels.* — J. V. de Roys de Lédignan, *Élu actuel.* — L. G. d'Inguimbert. *id.* — G. J. F. de l'Espine, *id.* — Th. de Fresquières, *id.* — E. de Sales de Bagnères, *id.* — L. du Plessis de Pouzilhac, *id.* — A. du Plessis de Pouzilhac, *id.* — A. Malet, *Trésorier actuel.* — A. Repos, *Secrétaire actuel.*

MARCHE DE LA PROCESSION *en* 1851.

A trois heures, la Procession sortira de la Chapelle, en passant par la Philonarde, la Carréterie et les Infirmières, les Trois-Pilats, Ste-Catherine, St-Pierre, les rues Corderie, des Marchands, Rappe, et place de l'Horloge; après la bénédiction donnée par Mgr l'Archevêque, sur un Reposoir dressé sur le Rocher, la Procession se retirera en passant par la Balance, la Grande et la petite Fusterie, la rue Calade, Corps-Saint, la rue Trois-Faucons, la place St-Didier, les rues des Fourbisseurs, Bonneterie et des Teinturiers.

NOTE.

Cant foro a Masselha descendo el ribatge
E foro aculhit dc joi et dalegratge
Al castel de Toneu pres lo Coms albergatge
Mas can venc al cart jorn veus venir. I. mesatge
E saludec lo Comte e dig en son lengatge
Senher Coms al mati no fassatz lonc estatge
Car lo mielhs d'Avinho vos aten al ribatge
E so plus de CCC queus faran omenage
E can lo Coms lenten mot li ven dagradatge
Lo mati el el filhs se meto en viatge
E cant foro tant pres que sencontro el rivatge
E lo Coms deschendet de lo mulet daratge
E trobals a genolhs de sobre lo ramage
E lo Coms los receub e ilh ab alegratge
Mas Ar. Audegers que a bon cor e sage
E fo natz d'Avinho dun gentil parentage
Parlec primeiramen car sab tot lor usatge
Senher Coms de Sent Gili recebetz gentil gatge
E vos e lo car filh ques de lial linatge
Totz Avinhos se met el vostre senhoratge
Que cadans vos lhivra son cor e son estatge
E las claus e la vila e lo sortz et lintratge
E so que vos dizem nous tenguatz a folatge
M. cavalers valens complitz de vasalatge
E C.M. omes dautres valens de bon corage
E an fait sagrament e plevit per ostatge
Coimais demandaran tot lo vostre dampnatge
E tindrez en Proenza tot vostre dreituratge
E las rendas els cens el traut el peatge
E non ira camis si no da guidonatge
E nos tindren de Rozer totz lo pas el pasatge
E metrem per la terra la mort el carnalatge
Tro que cobretz Tholoza ab lo dreit eretatge
El cavaer faidit (1) ischiran del boscatge
Que mais no temeran tempesta ni auratge
E no avetz el mon ennemic tant salvatge
Que sieus fa mal ni tort que non prenda ontatge

(1) Exilés, bannis à cause d'une querelle *feide*.

Senher so delz lo Coms cauziment e barnatge
Faitz si men amparatz e auretz lavantatge
De tot crestianesme e del vostre lenguatge
Car restauratz los pros e joia e paratge

. . . .

. . . . Quel vespres sabaicha els recep Avinhos
E cant per mei la vila es levatz lo resos
Non i a vielh ni jove que noi an volontos
Per totas las carreiras et foras las maizos
Aquel que mais pot corres te per aventuros
Lai on cridan Tholoza pel paire e pel tos
E li autre la joia coimais er Dieus ab nos
Ab afortiz coratges ez ab los olhs ploros
Trastuit denan lo Comte venon dagenolhos
E pois dizon ensemble Jeshu Crist glorios
Datz nos poder e forza quels ereten ambdos
Es es tant gran la preicha e la professios
Que obs i an menassas e vergas e bastos
El mostier sen intrero per far los orazos
E pois fo lo manjars complitz e saboros
E mantas de maneiras las salsas els peichos
E vis blancs e vermelhs e giroflatz e ros
Els jotglars e las viulas e dansas e cansos
Lo dimenge mati es retraitz lo sermos
De prendre el sagrament e las promissios
E pois dit lus a lautre Senher dreitz amoros
Ja nous fassa temensa donars ni messios
Que nos darem laver e metrem los cors blos
Tro que cobretz la terra o que muram ab vos
Senhors so dit lo Coms bels ner lo gazerdos
Que de Dieus et de mi seretz plus poderos
E lo Coms sacossellia e ab de sos baros
Et anec vas Aurenca valens e deleitos
Entrel Comte el princep es faita acordazos
Damor e deparia que prezon entrels dos
El Coms joves sen intra en Veneisi cochos
Per recebre Paernas e metre establizos
Malaucena e Balmas e maintz castels del sos
Mas en breu de termini es la comensazos
Dels mals e dels dampmatges e de las contensos
Que li clerc et lavesques que son contrarios

FIN.

RELATION

DE LA PROCESSION JUBILAIRE

DU 6 JUILLET 1851.

Habebitis hanc diem in monumentum, et celebrabitis eam solemnem Domino in generationibus vestris cultu sempiterno.

Ce jour sera pour vous un jour monumental; et vous le célèbrerez, par un culte éternel, de race en race, comme une fête solennelle à la gloire du Seigneur. (EXOD. XII. 14).

Entre toutes les solennités religieuses de l'année, il en est deux surtout que la population avignonaise salue avec des transports d'enthousiasme toujours vifs et toujours nouveaux : les solennités de Noël et de la Fête-Dieu sont pour nous les *fêtes des fêtes ;* elles nous rappellent de doux souvenirs, à nous qui vantons tant le temps passé et qui tenons tant à conserver les traditions de nos ancêtres. Placées à six mois de distance, l'une au commencement de l'hiver, l'autre au commencement de l'été, elles sont comme deux haltes dans le cours de l'année, où les générations naissantes viennent se reposer un instant de l'indifférentisme de notre âge, et se retremper dans ce vieil esprit de foi qui animait nos pères. Noël, c'est dans toute leur simple et patriarcale naïveté, les mœurs et les coutumes de nos aïeux auprès du foyer domestique; la Fête-Dieu, c'est, avec leur bruyante allégresse, leurs mœurs et leurs coutumes au milieu de la société.

Cette année, la Fête-Dieu avait pour nous un attrait tout particulier: c'était l'année sainte, l'année du jubilé, et par conséquent l'année où la vénérable Confrérie des Pénitents gris devait faire sa procession solennelle, procession d'expiation et de triomphe en même temps : d'expiation, en ce qu'elle est commémorative de cette procession faite en 1226, par ordre du roi Louis VIII (1), afin de réparer les excès auxquels se portaient les Albigeois contre l'hostie sainte; de triomphe, en ce qu'elle rappelle la victoire de ce prince sur ces hérétiques, et surtout le prodige insigne de 1433 (2).

Il convenait qu'en ces temps que nous pouvons appeler temps de *renaissance*, parce que ce n'est qu'à présent que la religion catholique, en France, sort toute triomphante des ruines que la révolution avait entassées autour d'elle; il convenait, dis-je, que cette cérémonie ne le cédât en rien à celles qui avaient été célébrées auparavant, et qu'Avignon conservât pure et intacte sa vieille gloire religieuse. Grâces à Dieu, tout

(1) Voyez à la page 11 et suivantes de la *Notice*.
(2) Voyez à la page 25 de la *Notice*.

a été parfait le 6 juillet : la procession de **1851** a vraiment surpassé en pompe et en magnificence celles des autres années jubilaires, et Avignon a prouvé une fois de plus à tout l'univers catholique, qu'elle est encore la ville papale, *l'altera Roma.*

Aux approches de ce jour fortuné, l'enthousiasme religieux de nos concitoyens s'était réveillé; la vénérable Confrérie voyait tout-à-coup ses rangs devenir plus compactes et plus serrés, et bien des frères retournaient à la sainte Chapelle, où, depuis un quart de siècle peut-être, ils n'avaient pas mis les pieds; les confréries des Pénitents gris des villes voisines écrivaient à leurs frères d'Avignon pour leur annoncer qu'ils se feraient un devoir de se joindre à eux pour cette solennité; les guirlandes se tressaient à l'envi pour orner les nombreux reposoirs que l'on allait dresser sur nos places et au milieu de nos rues; malgré les malheurs du temps, toutes les bourses s'ouvraient devant les Confrères désignés pour recueillir les offrandes destinées à couvrir les frais de la cérémonie; le Conseil municipal votait **500** francs et quatre flambeaux d'honneur, aux armes de la ville, qu'on devait porter derrière le dais; S. E. Mgr le Cardinal Archevêque de Bourges, pénitent gris lui-même, ne pouvant se rendre à cette fête, envoyait son offrande au Trésorier de la Compagnie; toutes les autorités civiles et militaires promettaient leur concours bienveillant et protecteur; et Mgr l'Archevêque, qui secondait déjà de tout son zèle et de tout son pouvoir l'organisation de la procession, mettait le comble à tous ses témoignages de bonté et de paternelle affection, par la publication d'un remarquable Mandement que toute la presse religieuse de Paris et des provinces a accueilli avec une si respectueuse admiration.

Enfin, le jour si désiré et si vivement attendu était arrivé : l'aurore ne brillait pas encore à l'horizon, que déjà une foule, pieusement avide d'admirer l'auguste cérémonie, envahissait tous les quartiers de la cité; avertie, dès la veille, par les échos des montagnes voisines qui se transmettaient les sons joyeux de nos carillons, et le bruit des salves militaires, elle était accourue de tous côtés, du Comtat, de la Provence, du Languedoc et du Dauphiné. Plus tard, les Confréries affiliées arrivaient processionnellement aux portes de la ville: c'était celle d'Aigues-Mortes avec sa croix bleue, celle de Vedènes avec ses thuriféraires et ses choristes, celle de Carpentras avec ses parfums, celles de Bonnieux, de Caromb, de Velleron, d'Arles, avec leurs fanaux et leurs girandoles, etc.

Les Maîtres et Élus de la Confrérie d'Avignon les attendaient à l'entrée de la cité : après l'échange des Croix et le baiser de paix fraternel, ils s'avançaient tous ensemble processionnellement, au chant du *Te Deum*, jusqu'à la sainte Chapelle. Et pendant ce temps, le concours des étrangers continuait : le chemin de fer nous amenait les Marseillais, les Arlésiens, les Nîmois, les habitants de Cette, de Montpellier et d'Alais; les bateaux à vapeur déposaient sur les quais du Rhône ceux de Valence, de Lyon et même de Grenoble : si bien que vers midi, on ne se retrouvait plus dans nos rues, les gens du dehors affluaient à tous les pas, et nos 35 mille concitoyens se perdaient au milieu de nos 60 mille visiteurs.

Cependant, à 4 heures du soir, au signal donné par le bourdon de l'hôtel-de-ville et la grosse cloche de la Métropole, les tambours battent aux champs, et la procession sort de la Chapelle des Pénitents gris, précédée par un piquet de cavalerie. Les sapeurs, les tambours de la garde nationale, les clairons du 14e léger, ouvraient la marche : derrière eux, était portée au milieu des fanaux l'antique bannière de Louis VIII. Puis venaient les Maîtres de la Confrérie, des Confréries affiliées, des Confréries des Pénitents noirs et des Pénitents blancs de la ville d'Avignon, un double rang de thuriféraires de Vedènes, et la croix que portait au milieu des flambeaux un Confrère nu-pieds. Les Pénitents gris, tant de la ville que des villes voisines, au nombre de 900 environ, ayant tous un flambeau ou une girandole à la main, étaient divisés en trois séries : au milieu d'eux, de distance en distance, devant les autels portatifs et les parfums, étaient placés des tambours de la garde nationale, la fanfare du Lycée, celle du 13e régiment de chasseurs à cheval, et la musique de la garde nationale. Le chœur des Pénitents de Vedènes faisait entendre de temps en temps de mâles et majestueux accords : les 80 choristes de la Confrérie d'Avignon, auxquels étaient venus se joindre les élèves de la Maîtrise, accompagnés par l'excellente musique du 14e léger, exécutaient avec un parfait ensemble le beau motet composé par M. de Fontmichel (de Grasse), gendre de M. des Roys, doyen d'âge des Élus. Les autels portatifs représentaient quelque emblème eucharistique : ici le calice du salut auquel s'abreuvaient deux blanches colombes; là, le Cœur adorable de Jésus tout brûlant d'amour pour les hommes ; plus loin, le pélican mystique qui nourrit ses petits de la chair de ses flancs, puis l'agneau de la Cène pascale, etc. : ils avaient été généreusement offerts, soit par les Dames du Sacré-Cœur et du Saint-Sacrement, soit par la paroisse des Carmes et les Pénitents noirs, soit par la Confrérie de Carpentras; des enfants de chœur les précédaient portant l'encens et les fleurs.

Douze jeunes enfants vêtus à l'oriental, comme les Apôtres, en entouraient un treizième, à la blanche tunique et à la chevelure nazaréenne, qui figurait le divin Maître; deux cents élèves des Écoles des Frères, tous aussi en aubes éclatantes, portaient aussi de petites oriflammes roses, aux armes de la Croix : on voyait au milieu d'eux, selon l'antique usage avignonais, d'autres petits garçons habillés en S. Jean, en évêques, en prêtres et en religieux.

Après le noviciat des bons Frères des Écoles chrétiennes, et sous la croix métropolitaine, marchait un clergé nombreux venu de tous les points du diocèse et des diocèses voisins; puis venaient les chanoines de Notre-Dame-des-Doms avec leur *cappa* cardinalice, et les élèves du grand Séminaire répandant au devant de l'Hostie Sainte les suaves odeurs de l'encens. Le magnifique et riche dais de St-Pierre abritait le Saint-Sacrement que portait Sa Grandeur Mgr l'Archevêque, assisté de ses archidiacres : M. le Maire, ses adjoints et trois des principaux dignitaires de la Confrérie, en soutenaient les cordons; derrière eux, les quatre flambeaux d'honneur, aux armes de la ville, qu'avait votés le conseil municipal, étaient portés par quatre fourriers de ville en grande tenue. Toutes les autorités, à la tête desquelles on voyait avec plaisir MM. le Préfet, le général commandant la subdivision, le recteur de l'académie, fermaient le cortège, entourées d'une double haie de gardes nationaux et de sapeurs pompiers.

A sept heures seulement, la procession arrivait sur la place du Palais et se développait dans les rampes qui conduisent à la Métropole. Plus de 40,000 personnes s'étaient rendues à cet endroit: toutes les fenêtres regorgeaient de spectateurs; les toits des maisons, les tours du Palais des Papes semblaient tout autant de balcons; on se pressait jusqu'au milieu des arbres qui bordent les allées du Rocher; on apercevait même sur les collines du Languedoc, sur les arcades du pont, au haut des tourelles de Villeneuve, des groupes nombreux que la foule n'avait pu laisser pénétrer dans la ville, et qui admiraient de loin cette pompeuse et imposante cérémonie.

Un beau reposoir avait été dressé devant l'église, aux pieds du Calvaire: de magnifiques tentures bleues, brodées d'argent, formaient un riche baldaquin à la Croix de la Mission, et sur l'autel tout émaillé de fleurs, brûlaient des milliers de cierges.

Lorsque la procession se fut rangée sur la place, Mgr l'Archevêque, entouré de tous ses prêtres, monta lui-même au reposoir et déposa sur l'autel le Très-Saint Sacrement. Tout-à-coup, le son des cloches, les détonnations des boîtes, le bruit des tambours, qui n'avaient cessé de se faire entendre depuis le commencement de la cérémonie, s'arrêtent, et la foule qui s'étend aux pieds du Calvaire, frappée de ce solennel silence, lève les yeux vers la Croix. Là, du haut d'une chaire improvisée, au milieu de ce vaste temple consacré au Dieu de la nature, et n'ayant pour toute voûte que l'immensité du firmament, le R. P. Nègre, de la Compagnie de Jésus, élève sa voix retentissante et fait entendre ces sublimes et apostoliques accents :

« Le touchant, le magnifique spectacle qui s'offre en ce moment à mes regards; cet immense concours de fidèles de tout âge et de tout état, rivalisant d'empressement et de piété; — ce clergé vénérable, groupé autour de son premier Pasteur dont l'antique cité des Papes bénit le gouvernement paternel; —la présence de tous les corps de l'état que l'œil chrétien aime à voir mêlés à nos saintes cérémonies; — cette troupe de guerriers, non moins beaux, non moins admirables autour des autels pacifiques du Dieu des armées, que sur un champ de bataille; —cette célèbre Confrérie qui apparaît au milieu de nous, toute brillante de ses souvenirs de 600 ans, traînant à sa suite une foule de noms illustrés par le génie, la gloire des armes, la naissance, les dignités; ces mille bannières qui flottent dans les airs; ces flambeaux, ces fleurs, ces parfums, ces tentures éclatantes, et ce magnifique ciel qui illumine de son plus beau soleil cette fête de la terre; — et au milieu de ce spectacle enchanteur, ces mille voix qui n'en font qu'une pour chanter les louanges de Dieu, se mêlant au son joyeux des cloches, aux détonnations solennelles du bronze des batailles : tout cet ensemble majestueux ravit, transporte, électrise; et il me semble que le Palais des Papes doit tressaillir en ce moment sur ses bases antiques, comme s'il voyait reparaître une de ces belles fêtes catholiques, où le Vicaire de Jésus-Christ se montrait ici dans toute sa magnificence.

» Ah! que ceux qui osent dire que la foi est morte au sein de notre patrie, ne sont-ils ici présents! que ne peuvent-ils être témoins de cet élan, de cet enthousiasme religieux!

» Mais bientôt ils le sauront. Bientôt les

cent voix de la renommée en auront porté au loin l'heureuse nouvelle.

» Et vous qu'une pieuse curiosité a attirés dans cette cité, vous ne manquerez pas de le raconter à vos familles, à vos amis, à vos concitoyens.

» On saura que, s'il y a des pays où Jésus-Christ n'est pas connu, n'est pas aimé, il en est d'autres où son Nom fait battre les cœurs, où il reçoit des hommages publics et solennels.

» On saura que, s'il se rencontre des populations froides et indifférentes envers celui qui a poussé son amour pour l'humanité jusqu'à l'excès, l'on retrouve encore des peuples reconnaissants, fidèles, dévoués. »

» On saura que, s'il y a des outrages et des profanations, il y a aussi des réparations éclatantes.

» Gloire à vous, nobles Avignonais! vous faites bien savoir que vous êtes les dignes enfants de vos pères; vous justifiez aux yeux du monde entier le renom religieux qu'ils vous ont transmis en précieux héritage. Il n'y a rien qui nous étonne : les Vicaires de Jésus-Christ en fixant pendant de si longues années leur résidence au milieu de vous, ont déposé sur votre terre un germe de foi qui ne périra jamais. »

Ici l'Orateur raconte l'établissement de la confrérie des Pénitents gris par Louis VIII, lors de la croisade contre les Albigeois, et le miracle de 1433, et continue :

« *Les Albigeois ne sont plus ;* mais leur esprit vit encore; oui, c'est toujours *la même haine implacable contre Jésus-Christ et son Eglise.* Et que signifient ces sarcasmes que vomissent contre lui, depuis plus d'un demi-siècle, un si grand nombre d'ouvrages qui ne sont ni les moins vantés, ni les moins répandus ; ouvrages inspirés par le génie de l'enfer, où l'on traite de puérilités les objets les plus sacrés du culte catholique ; de ridicules *fables,* les mystères sublimes et les merveilleuses inventions de l'amour du Dieu Sauveur? Que signifie cette guerre acharnée que, dans la plupart des états de l'Europe, l'impiété ne cesse de faire aux ministres de la religion de Jésus-Christ, contre lesquels elle s'efforce, par tous les moyens qui sont en son pouvoir, par le mensonge, la calomnie, le sophisme, la ruse, l'hypocrisie, d'ameuter les passions de la multitude? Que signifient ces sacrilèges prétentions de réformer l'œuvre du Fils de Dieu, pour lui substituer une religion plus en harmonie avec les progrès des lumières, les besoins de la civilisation moderne, c'est-à-dire avec notre orgueil, notre luxe, notre égoïsme, notre fureur de plaisirs, avec tous les vices et les passions?

» *Les Albigeois ne sont plus*; mais ne sont-ce pas les mêmes doctrines que l'on propage : l'indépendance absolue de l'homme, son complet affranchissement de toute autorité divine et humaine, la souveraineté de la raison, la divinisation du mal sous le nom de panthéisme ; doctrines subversives de tout ordre, de toute morale, de toute justice et de toute société?

» *Les Albigeois ne sont plus*, non; mais c'est le même but que l'on se propose, auquel on travaille avec une ardeur infatigable : l'anéantissement de l'église, la destruction de toute religion, et, s'il se pouvait, de Dieu lui-même.

» Et n'avons-nous pas entendu hurler dans les rues de nos grandes cités, des voix qui semblaient sortir du fond de l'enfer, criant : *mort aux prêtres ; mort aux moines ! à bas le Paradis ! vive l'Enfer !...*

» Et nous ne versons pas des larmes de sang ! et nous vantons encore les progrès de notre civilisation !....

« Après cela, qu'attendre pour toi, ô mon infortunée patrie ? C'est en vain que je voudrais m'aveugler sur ton sort et ouvrir mon cœur à l'espérance ; une main mystérieuse a déchiré le bandeau que je tenais sur les yeux. Et j'ai vu une coupe d'or dans la main d'un ange, et cette coupe était pleine de la colère de Dieu sur la nation infidèle.

» Eh quoi! Seigneur, n'avons-nous donc pas assez éprouvé de calamités ? Faut-il que notre belle France soit encore plongée dans le deuil et les larmes ? Faut-il que nous voyons reparaître une seconde fois, au milieu de nous, le règne sanglant de la terreur ? Quoi donc ! n'y aura-t-il personne qui vienne s'interposer entre la justice de Dieu et son peuple, quelqu'un qui soit assez pur, assez innocent pour avoir accès auprès de l'Éternel et éteindre la foudre dans ses mains redoutables ? Mais tout est souillé autour de nous; le péché a tout infecté de son souffle impur. — Vous, ô Jésus, ô Dieu de nos autels, venez nous sauver; il n'y a que vous qui soyez exempt de souillure; il n'y a que vous d'agréable aux yeux de Dieu.

» Mais y pensons-nous bien, d'appeler à notre secours celui-là même que nous avons offensé, lorsque c'est pour punir les outrages sanglants que nous lui avons faits, que la justice de Dieu nous menace ?

» Il est vrai; mais Jésus n'a pas cessé de nous aimer; il a un cœur infiniment miséricordieux, et n'attend que notre repentir pour fléchir le courroux de son père et obtenir notre grâce.

» A genoux donc, Fidèles, s'écrie alors l'éloquent missionnaire, à genoux aux pieds de Jésus-Christ pour lui faire une réparation solennelle; » et, saisissant un cierge allumé, il prononce lui-même, au nom de cette multitude qui vient comme un seul homme de s'agenouiller à sa voix, cette solennelle amende honorable à Jésus caché dans la Sainte Eucharistie :

AMENDE HONORABLE.

» O Jésus, vrai Fils de Dieu, adorable Rédempteur des hommes, prosternés à vos pieds comme des criminels de lèse-majesté divine, nous vous faisons amende honorable pour tous les péchés, pour toutes les profanations, pour tous les sacrilèges, pour toutes les impiétés dont nous, nos pères, nos enfants, nous sommes rendus coupables envers votre divine Personne, spécialement dans l'auguste Sacrement de nos autels, qui est l'abrégé de toutes vos merveilles et une des preuves les plus sensibles de votre amour.

» Se peut-il, ô Sauveur Jésus, que vous nous ayez tant aimés et que nous ayons été si ingrats !

» Pour nous, vous avez daigné descendre du Ciel, et vous vous êtes abaissé jusqu'à vous faire homme !

» Pour nous, vous avez voulu naître dans une crèche, être flagellé, couronné d'épines, mourir sur un gibet ignominieux !

» Pour nous, vous avez institué un Sacrement où vous nous donnez votre corps en nourriture et votre sang en breuvage !

» Pour nous, vous renouvelez tous les jours sur nos autels ce grand Sacrifice de la Croix, qui a réconcilié la terre avec les cieux !

» Votre amour pour les hommes pouvait-il aller plus loin ? Et ces hommes que vous avez tant aimés, que vous avez rachetés à un si haut prix, que vous avez sauvés des flammes éternelles, en répandant tout votre sang, ces hommes pour lesquels vous avez épuisé tous les trésors de votre Divinité, les ingrats ! Ils ne vous aiment pas...., ils vous oublient, ils vous dédaignent, ils vous outragent, ils vous persécutent !

» Le théâtre de votre amour est devenu le théâtre de leurs fureurs et de vos ignominies !

» Pour parler ici de ce que nos pères ont vu, de ce qu'ils nous ont raconté, votre sainte demeure violée, les vases destinés au sacrifice profanés par d'impures libations, votre Corps Adorable jeté en pâture à de vils animaux, et sur ces autels où vous résidez au milieu de vos Chérubins éblouis, une infâme déesse portée en triomphe pour y recevoir les adorations qui ne sont dues qu'à vous seul ; sans parler de ces crimes horribles, dignes de toutes les foudres du ciel, que d'irrévérences, que de mépris, que de sacrilèges dont vous êtes journellement l'objet de la part des chrétiens !

» Vos temples sont déserts, vos sacrements profanés, votre sainte Loi foulée aux pieds, votre Église méconnue, votre religion devenue l'objet d'une indifférence universelle. Vifs et ardents pour leurs intérêts et leurs plaisirs, la plupart des hommes semblent ne vous compter pour rien ; ils veulent tout connaitre, excepté vous ; tout savoir, les nouvelles du jour même les plus frivoles, excepté ce qui vous concerne. Il y a place dans leurs cœurs pour tout le reste, place pour les idoles de boue, place pour les passions les plus ignominieuses; pour vous, ô Jésus, qui êtes mort pour les sauver, il n'y a point de place !

» Ils rougiront même de vous, comme on rougit d'un crime ; ils se cacheront pour vous servir, comme on se cache pour une infamie !

Justice de mon Dieu, et vous ne nous avez pas frappés ! Anges du sanctuaire, et vous n'avez pas pris votre glaive en main pour venger l'honneur de votre Maître ! Et nos villes sont encore debout, quand le feu du ciel a consumé des cités moins coupables !

» Ah ! merci, miséricordieux Jésus, c'est à vous, c'est à votre sang qui coule tous les jours sur nos autels, que nous devons d'avoir été épargnés. Sans vous, nous aurions été traités aussi sévèrement que Sodome et Gomorrhe.

» Masi que votre miséricorde ne se lasse pas de nous faire du bien. Déjà la patience de Dieu semble se lasser de nos crimes ; déjà il fait gronder sa foudre sur nos têtes. Désarmez sa colère, en lui présentant les larmes de notre repentir, mêlées à votre Sang. Demandez grâce pour nous, grâce pour cette cité, qui, tout entière prosternée à vos pieds, vous fait une réparation d'honneur éclatante. — Grâce pour tant *d'aveugles* qui ne vous connaissent pas et qui ne comprennent peut-être pas cette cérémonie religieuse qui nous rassemble. — Grâce pour ceux qui vous connaissent, mais vous ont abandonné pour suivre les faux plaisirs du monde.— Grâce pour cette foule *d'étrangers* qui sont venus prendre part à notre Fête. Mais non, il n'y a point *d'étrangers* parmi nous. Je n'aperçois ici que des frères qui n'ont tous qu'un cœur pour vous aimer, une bouche pour crier *pardon.* — Grâce enfin pour notre *pauvre France.* Détournez loin d'elle les châtiments qu'elle n'a que trop mérités. Et quelque soit le sort que vous nous prépariez ici-bas, que nous soyons destinés à voir des jours sereins ou des jours pleins de tempêtes, ah! du moins, ô Jésus, obtenez-nous de parvenir à la fin bienheureuse pour laquelle nous avons été créés. Ainsi soit-il. »

Le P. Nègre a fini la prière expiatoire; le peuple qu'il avait électrisé, se tient encore religieusement courbé vers la terre : alors Mgr. l'Archevêque, prenant dans ses mains l'Hostie Sainte, donne la bénédiction solennelle; à ce moment, une gerbe de feu d'artifice est lancée du clocher de Notre-Dame-Des-Doms; les tambours et les clairons marient de nouveau leurs accents guerriers aux joyeux carillons des Églises.

Il était nuit : la Procession n'avait encore fait que la moitié de son parcours; elle prit la direction de la rue Balance et des Fusteries. Ces rues offraient alors un bien beau spectacle; on s'y serait cru en plein jour; tous les autels portatifs, toutes les girandoles étaient illuminés; les parfums répandaient de tous côtés leurs suaves odeurs; les chants, qui depuis plus d'une heure avaient cessé, reprenaient d'une manière plus mâle et plus nourrie.

Enfin, après sept heures de marche, à onze heures du soir, le pieux cortège rentra dans la Chapelle : il avait été obligé de faire bien des haltes ; il avait dû s'arrêter souvent pour que la bénédiction fût donnée aux nombreux et riches reposoirs élevés dans tous les quartiers par la piété des fidèles. Les plus remarquables de tous étaient sans contredit : celui de la rue Bonnetterie, celui de la Porte du Rhône dressé par les chasseurs du 13e et les habitants de la rue Ferruce, celui de la Place du Change, etc.

L'enthousiasme qui régna dans notre population pendant cette cérémonie, est impossible à décrire : il faut avoir vu l'ordre admirable, l'heureuse organisation de la Procession, soit au milieu du jour, soit au milieu de la nuit, pour se faire une idée de l'élan religieux qui enflammait les Avignonais et leurs innombrables hôtes. Cet enthousiasme n'a pas été éphémère, et le 6 juillet, quoique déjà éloigné de nous, le réveille dans tous les cœurs. Qu'on en juge par cette allocution chaleureuse adressée, huit jours après la fête, aux Maîtres de la Confrérie, par celui des Confrères qui portait la bannière de Louis VIII :

Aux frères maîtres de la confrérie des Pénitents gris d'Avignon.

Mes Frères,

Je ne sais vraiment comment vous exprimer ma reconnaissance pour l'honneur insigne, pour l'ineffable bonheur que vous m'avez procuré en m'appelant à porter, à notre procession Jubilaire du 6 juillet 1851, le noble étendard de Louis VIII, le monarque au cœur de lion. Je suis fier de le dire : au 6 juillet 1851 comme en 1226, cette illustre bannière a rencontré partout sur son passage, respect et vénération, au milieu de cette foule immense, incalculable, qui se pressait partout, sur les places, dans les rues, aux balcons, aux croisées, et jusque sur les toits des maisons de notre cité papale.

Aussi, frères, c'est bien inutilement que j'essaierais de rendre les sentiments dont mon cœur de Français catholique a été animé, pendant les longues heures de cette Procession monumentale et à jamais mémorable.

C'est cette même bannière, me disais-je, que l'auguste père de Saint Louis faisait porter devant lui, lorsqu'après avoir terrassé, par la valeur de ses armes, le monstre de l'hérésie albigeoise, il institua notre vénérable Confrérie des Pénitents gris, comme l'acte de foi le plus sublime, l'amende honorable au Saint-Sacrement de l'autel la plus éclatante, la plus solennelle, la plus complète.

Noble étendard, si cher à la piété de nos pères, ah ! si jamais le cri des anciens preux se faisait encore entendre : « Dieu le veut ! En avant !.. » oui, je te porterais avec un légitime orgueil, non plus seulement à travers les rues pacifiques de notre cité, mais à travers les bataillons ennemis de la civilisation et de la foi, et je ne t'abandonnerais qu'avec ma vie. Je le jure !

LANFANT.

Que nul ne s'étonne de ces généreux sentiments ; ils sont ceux de tous les Avignonais. La foi est trop vive parmi nous, et s'il est écrit que les *portes de l'enfer ne prévaudront jamais contre l'Église romaine*, nous pouvons dire qu'elles ne pourront jamais éteindre dans nos murs l'antique esprit religieux que nous ont légué nos pères. Les idées nouvelles pourront bien trouver quelques adeptes parmi nous; mais la masse de notre peuple, qui est vraiment le peuple de la conquête de la sainte Église, tend à garder pure et intacte la religion de ses aïeux; Français *par raison et par convenance*, nous appartenons, comme le dit un homme d'esprit, *à d'autres mœurs et à un autre horizon*.

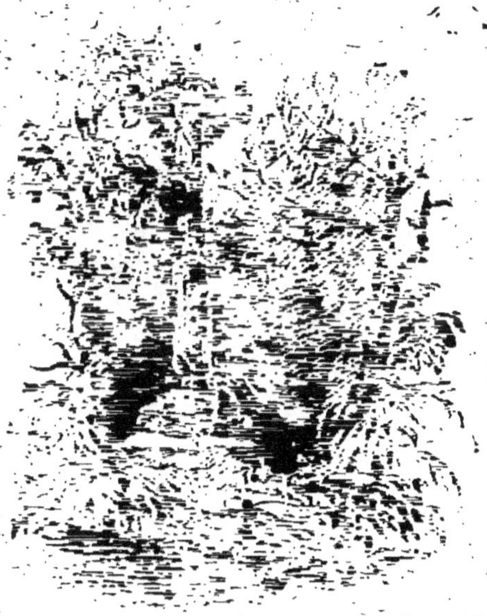

www.ingramcontent.com/pod-product-compliance
Lightning Source LLC
Chambersburg PA
CBHW052125090426
42741CB00009B/1949
* 9 7 8 2 0 1 1 2 6 1 5 4 0 *